Merci à Peter Aernoudts, Stefanie Becu, Crown Helicopters bvba, Frank Descheemaeker, Erik Ghyselbrecht, Danny Lannoy, Koen Maréchal, Omer Rappé, Jan Seys, Rita Teerlinck, Dirk Van Craeynest, Kristien Van Horebeke, Roland Van Nieuwenhuyse, Jean Vandepitte, Marleen Vandewalle, Wilfried Vansteenkiste, Rudi Vantorre, Maxim Willems, Siska Willems

Kris Struyf

Knokke-Heist naturellement

© 2004 Éditions Clavis, Hasselt – Amsterdam

Illustrations: Marijke Meersman

© Photos: Misjel Decleer

Traduction française: Manuel Martens

Repère: la mer, la plage, les dunes

NUR 210 – 223

ISBN 90 448 0344 1 – D/2004/4124/129

Tous droits réservés.

www.clavis.be

Kris Struyf

Knokke-Heist naturellement

illustrations de **Marijke Meersman**
et photos de **Misjel Decleer**

Cher lecteur,

Quand j'étais enfant, mon père, un fervent ornithologue et amateur de la nature, m'emmenait souvent à la découverte des dunes, du Zwin et des polders. C'est ainsi que j'ai appris à apprécier les plus beaux endroits, souvent les plus secrets, de la nature.

La commune de Knokke-Heist a toujours fourni de gros efforts pour maintenir un équilibre entre la nature d'une part et les aspects touristique et récréatif de l'autre. Grâce à ce profond respect de la nature et de l'environnement, les habitants et les nombreux visiteurs peuvent encore jouir, en ce début de 21 ème siècle, d'une nature vierge et immaculée.

Cet ouvrage se propose de soulever un coin du voile du patrimoine naturel tel qu'il se situe au point le plus à l'est du littoral belge. Vous découvrirez notre ville côtière à vol d'oiseau. Nous prendrons notre envol au littoral, survolerons le territoire urbain et nous poserons dans la zone rurale. À l'aide de nombreuses illustrations et de petits textes, nous vous expliquerons la valeur naturelle des sites retenus.

Ceci ne se veut pas un ouvrage de référence exhaustif examinant l'ensemble du territoire dans ses moindres détails. Au contraire, il nous a semblé plus divertissant de rédiger un ouvrage sans prétention, bien ordonné et jalonné de détails intéressants. Il vous offre un aperçu global des sites naturels de Knokke-Heist et vous convie à les visiter chaque fois que le coeur vous en dit.

Bonne lecture!

Comte Léopold Lippens

Table des matières

Introduction | 8

Table des matières | 9

Le littoral | 10
    La mer | 12
    La plage de sable | 18
    Les jetées | 24
    Dunes et bosquets | 28
    Vases salées et prés-salés | 34

La zone urbaine | 40
    Les rues | 42
    Les cimetières | 44
    Murs anciens et façades | 46
    Les étangs communaux | 48
    Les parcs | 50
    Les jardins | 52
    Les bois | 56
    Le golf | 58

Les polders | 60
    Champs et prés | 62
    Le saule têtard | 72
    Les digues | 74
    Fossés et ruisseaux | 78
    Rangées d'arbres et talus | 88

Index | 92

Le littoral

Le littoral se compose de la mer, de la plage et des dunes. Il s'agit d'un territoire fort populaire et abondamment fréquenté en été. On y côtoie enfants, promeneurs, sportifs, amateurs de bains de soleil, amateurs de la nature... En effet, toute cette population est irrésistiblement attirée par l'immensité de la mer.

Le littoral de Knokke-Heist fait quelque douze kilomètres de long. Il se compose de larges plages, d'une longue rangée de dunes et de quelques remarquables réserves naturelles, tel le Zwin.

À première vue, la mer, la plage et les dunes semblent abriter peu de vie. Hormis quelques mouettes, un chien égaré, un groupe de chevaux ou une touffe d'herbe, on y discerne principalement beaucoup d'eau et de sable. Et pourtant, en y regardant de plus près, toutes sortes de traces trahissent la présence d'une multitude cachée d'organismes vivants. Un microcosme fascinant de créatures vivant au rythme des vents et marées.

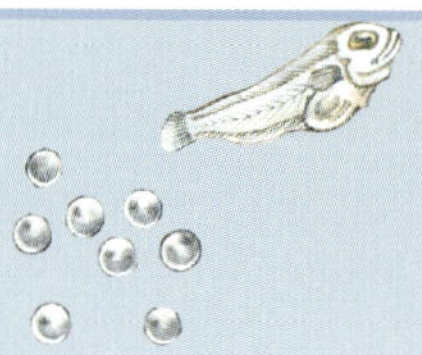

La mer

évolution d'un poisson plat

Les animaux marins

Minuscule, mais omniprésent: le plancton

La mer est bien davantage qu'une immensité d'eau salée. Elle regorge de vie. On y trouve non seulement poissons, coquillages, méduses, crabes et homards, mais aussi une multitude de minuscules organismes animaux et végétaux qui suivent le flux et le reflux de l'eau et que seul un microscope nous permet de discerner. L'ensemble des plantes et animaux vivant au rythme des marées se nomme *plancton*. Parmi le plancton animal se trouvent de nombreuses larves d'animaux que nous connaissons mieux à l'état adulte, tels crabes et balanes. Mais il est aussi une multitude d'autres micro-organismes qui passent leur vie entière en mer.

Les *diatomées* ou *algues siliceuses* composent un groupe d'algues unicellulaires bien connu. Leur paroi cellulaire constitue une carapace magnifiquement construite. Un petit pot et son couvercle contenant de l'acide siliceux. Quand les algues siliceuses meurent, leurs carapaces sombrent au fond de la mer. C'est ainsi que de nombreuses algues siliceuses sont conservées à l'état fossile.

La noctiluque illumine la mer

La *noctiluque* est un organisme unicellulaire, une minuscule boule d'un demi-millimètre. À la saison chaude, des milliers de noctiluques peuplent les eaux côtières. Parfois, elles forment de grandes taches oranges dans l'eau de mer. Ces taches se composent de milliers de noctiluques qui se sont multipliées en masse dans les eaux chaudes et se laissent porter par le courant. Dans l'eau de mer riche en oxygène - là où la mer est houleuse - comme c'est le cas dans le ressac, ces organismes créent un fabuleux spectacle de nuit: ils illuminent la mer! L'oxygène dans l'eau crée une réaction chimique au sein de la noctiluque qui émet une lumière verdâtre avant de s'éteindre progressivement. Aux endroits où les noctiluques sont fort nombreux, les moutons des ressacs s'animent d'un vert féerique. De même pour les vagues qui échouent sur la plage et qui présentent de petites luminescences vert vif. Chaque pas que vous posez sur le sable humide s'illumine à son tour.

capture d'un pêcheur de crevettes

Les pêcheurs de crevettes déclinent la faune marine dans toutes ses couleurs

Dans les eaux peu profondes après le ressac, les pêcheurs, habillés d'un pantalon étanche avec bottes et ayant de l'eau jusqu'à la taille, traînent un large filet en forme d'entonnoir. Ils parcourent quelques centaines de mètres dans les deux sens, entre deux jetées, puis regagnent la plage où ils examinent leur pêche. Cette dernière est particulièrement variée d'avril à octobre : un assortiment multicolore de petits organismes originaires des fonds marins ou juste au-dessus. C'est ainsi que le filet contient des crevettes, des petits poissons plats, des éperlans, des sprats et des crabes. Les pêcheurs se contentent des exemplaires adultes, le reste étant rejeté à la mer.

En vérité, la crevette rose est grise

Les crevettes sont de mini-homards. Leur couleur est parfaitement adaptée au sous-sol sableux où elles résident.

bernard-l'ermite

Elles vivent principalement de nuit et nagent très rapidement, en quête de vermisseaux, d'escargots et d'algues. À marée basse, elle se laissent entraîner en haute mer et à marée haute, elles regagnent le littoral. Trois fois l'an, la femelle pond jusqu'à dix mille oeufs qu'elle porte pendant deux mois sous son abdomen.

Leur cuisson à haute température libère une substance chimique qui fait qu'elles virent au rose.

Les poissons plats ont mérité leur appellation

La *sole* et la *plic*, et quelques autres espèces, sont si plates que nous les avons baptisées *poissons plats*. Ils passent la grande majorité de leur temps allongés sur le sol marin. Avant de s'allonger, ils se couvrent de sable à l'aide de leurs nageoires de façon à être parfaitement camouflés. Leurs yeux dépassent tout juste du sable et patiemment, ils attendent la venue d'une proie, crevette ou autre, qui ne se doute de rien. Puis, par surprise et dans un nuage de sable, ils attaquent leur proie et l'avalent.

Dans les premières semaines de leur vie, les poissons plats ont une forme symétrique et une vessie natatoire comme leurs congénères. Mais dès qu'ils ont atteint environ un centimètre, leur corps s'aplatit sur les côtés. Étant donné que le crâne se développe davantage d'un côté que de l'autre, l'oeil gauche glisse vers la droite. Les jeunes poissons plats s'allongent de plus en plus souvent sur le flanc gauche et passent progressivement d'un mode de vie natatoire à un mode de vie couché, de sorte que leur vessie disparaît lentement.

bernard-l'ermite sans coquille

Le bernard-l'ermite n'est pas embarrassé de son derrière

À l'inverse d'autres crabes ou homards, le *bernard-l'ermite* n'est pas entièrement logé au sein d'une carapace protectrice. Son abdomen est mou et vulnérable. Mais il résoud ce problème d'une manière simple et efficace: il niche son abdomen dans une coquille d'escargot vide qui le protège tout aussi bien. Bien entendu, il est obligé de se déplacer avec sa coquille.

Parfois, sur la plage, l'on trouve des coquilles d'escargot vides dont la surface inférieure est lisse et polie. Il y a alors fort à parier qu'elle a abrité un bernard-l'ermite.

Quand la coquille devient trop petite, le bernard-l'ermite se met en quête d'un format plus grand. Il va de soi que le déménagement d'une habitation à une autre peut s'avérer périlleux, car il y a toujours des poissons ou d'autres brigands à l'affût d'une bouchée de homard sans protection...

l'illumination de la mer est magnifique

couple de canards colverts

couple de canards siffleurs

grèbe huppé

Les oiseaux

À propos d'oiseaux huppés et de canards siffleurs

Lors d'une promenade sur la plage par une journée paisible, vous pourrez apercevoir, à quelques encablures, des oiseaux flotter sur l'eau. Il s'agit fréquemment de mouettes, mais il peut aussi s'agir d'oiseaux aquatiques: canards colverts, canards siffleurs ou grèbes. Pendant la période d'hiver, ils arrivent en grand nombre sur nos eaux côtières pour s'y nourrir ou se reposer. En hiver, le *grèbe* troque son bel habit nuptial à huppe contre un plumage plus modeste. En revanche, les *canards colverts* et les *canards siffleurs* sont en grand apparat: les mâles en couleurs vives, les femelles en tons plus discrets. En effet, au printemps, mieux vaut passer inaperçu quand il s'agit de couver ses oeufs dans l'herbe en toute sécurité.

À l'inverse du canard colvert et de son coin-coin caractéristique, le canard siffleur produit un sifflement, comme son nom l'indique. Les mâles sont reconnaissables à leur habit nuptial. Ils ont la tête châtaine et la calotte jaune. En hiver, canards colverts et siffleurs font souvent escale sur les étangs du Zwin, mais par grand froid ou quand ils sont dérangés, ils se retirent parfois en pleine mer.

Les mouettes, pirates parmi les oiseaux

Les mouettes sont les oiseaux les plus connus du littoral. C'est pourquoi on les voit toute l'année. Quand il fait calme sur la plage, elles se rassemblent en grands groupes pour se reposer ou chercher de la nourriture au bord de l'eau. Et quand, pendant la journée, la plage est animée, elles planent en petits groupes dans le ciel, portées par le vent. Elles rasent les immeubles sur la digue ou font du sur-place dans les airs.

Les mouettes ne perdent jamais de vue la digue ou la plage. Dès qu'elles ont repéré quelque chose de comestible et qu'il n'y a pas d'humain ou de chien dans les parages, elles attaquent en piqué. Mais la mouette qui attrape la nourriture en premier ne sera pas forcément celle qui la mangera. Entre elles, les mouettes sont sans pitié. Elle se poursuivent mutuellement et la poursuite se termine quand la malheureuse lâchera sa trouvaille que sa poursuivante s'empressera d'avaler.

À nous les ordures

Les mouettes sont des omnivores. Les charognes ou ordures ne les effrayent pas et il n'est pas rare qu'elles écument les décharges.

Le *goéland argenté* est l'espèce la mieux représentée au littoral. De grandes colonies de goélands argentés couvent dans le port de Zeebrugge. Cette espèce s'est bien adaptée à l'homme et tente de s'approprier tout ce qui est comestible. Armés de leur solide bec, ils n'hésitent pas à s'attaquer aux sacs poubelles et provoquent pas mal de nuisances.

Quant au *goéland marin* et au *goéland brun*, ils fréquentent nos côtes principalement en hiver. En effet, ils proviennent de lieux de couvaison situés plus au nord. En ce qui concerne la *mouette rieuse*, elle est plus petite et plus mince que ses congénères. Au printemps et en été, elle a une petite tête brune très particulière et en hiver, elle n'arbore plus que des soi-disant écouteurs.

Afin de limiter aux maximum les dégâts causés par les mouettes, il est interdit de les nourrir!

D'infatigables échassiers

Les *bécasseaux sanderling* sont des petits limicoles qui rôdent le long du littoral en hiver. À petits pas rapides, ils arpentent le bord de l'eau et mangent tout ce qui leur tombe sous le bec. Ils nous offrent un spectacle comique et émouvant à la fois. Tandis que, emmitouflés dans nos habits d'hiver, nous bravons les intempéries, les bécasseaux, infatigables, continuent de glaner leur subsistance.

goéland

bécasseaux sanderling longeant la ligne de flottaison

Marées et météo

Indéfiniment: les marées

Que serait la mer sans marées? Les enfants ne pourraient plus défendre leurs châteaux de sable contre la marée montante. Coquillages et autres trésors seraient absents de nos plages. Il n'y aurait plus d'alternance entre la splendeur de la plage humide à marée basse et l'immensité de la plage sèche à marée haute...

À l'instar des vagues qui, dans le ressac, se démènent quotidiennement, les flux et reflux déterminent le rythme de la mer. Un rythme ô combien familier. Une cadence éternelle.

Faites tourner le café dans votre tasse et vous comprendrez les marées

Les marées forment un mouvement ondulatoire qui traverse tous les océans et mers de notre planète. L'attraction de la Lune attire vers elle la chemise d'eau qui entoure la Terre. Étant donné que la Lune est plus proche du soleil que la Terre, sa force d'attraction est plus importante. Ainsi naît la marée haute du côté où se situe la Lune. Mais de l'autre côté, il y a aussi marée haute... Comment se fait? Comparez ce phénomène en faisant tourner le contenu d'une tasse de café afin de le remuer avant de l'avaler. De la même façon, la Terre tourne et produit aussi une marée haute du côté opposé à la Lune. Et étant donné que la Terre tourne constamment, la marée haute se déplace aussi. Entre les périodes de marée haute se trouve la marée basse, raison pour laquelle notre littoral alterne flux et reflux deux fois par jour.

Le soleil est bien plus gros que la Lune mais est nettement plus éloigné de nous. Il exerce donc moins d'attraction sur la Terre. Toutefois, il nous influence. Quand par exemple, le soleil, la Terre et la Lune se situent sur un même axe, la force d'attraction du soleil s'additionne à celle de la Lune. Nous assistons alors à une *marée d'équinoxe* qui engendre une marée haute et une marée basse extrêmes.

La *marée de mortes-eaux* constitue un autre phénomène remarquable: quand le soleil et la Lune se situent en angle droit vis-à-vis de la Terre, l'attraction du soleil supplante celle de la Lune. À ce moment-là, il n'y a pour ainsi dire plus de flux ou de reflux.

La météo est-elle plus favorable au littoral que dans l'arrière-pays?

Nombre d'habitants du littoral prétendent que la météo y est souvent plus favorable que dans l'arrière-pays. Mais qu'en est-il?

Moins de pluie

C'est un fait qu'il pleut moins au littoral au printemps et en été. En effet, cumulus et averses se forment en air chaud et humide. Vu que l'eau de mer se réchauffe plus lentement que la surface terrestre, il y a moins de cumulus au-dessus de la mer que dans l'arrière-pays et il y fait plus frais en été.

Quand le vent vient du large, c'est-à-dire quand le vent balaye le pays depuis la mer, les cumulus se forment à quelques kilomètres du littoral et donc au-dessus de l'arrière-pays. Bien entendu, d'autres éléments météorologiques sont en jeu et il arrive qu'en été, la météo soit défavorable au littoral.

Le phénomène inverse se produit à l'arrière-saison. Vu que l'eau de mer se refroidit moins rapidement que la sur-

la plage à marée basse

le même endroit à marée haute

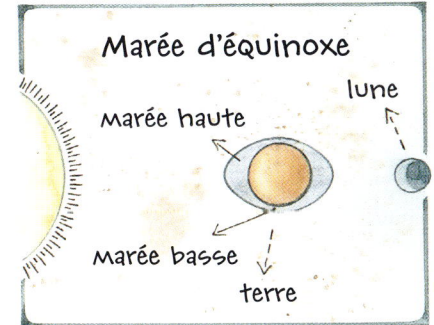

face terrestre, la température au littoral est souvent plus élevée en octobre et novembre que dans l'arrière-pays. Durant cette période, les nuages se forment plus aisément au littoral et les risques d'averses sont plus importants que dans l'arrière-pays. En hiver, l'eau de mer continue de se refroidir et l'éventualité d'averses diminue.

Il pleut davantage à la côte est qu'à la côte ouest

En hiver, il se forme peu de nuages au-dessus de la masse d'air froide au-dessus des îles britanniques. Quand un vent de nord-ouest porte cette masse d'air vers notre littoral, la distance vers La Panne à la côte ouest est plus courte que celle menant à Knokke-Heist sur la côte est. Plus la distance à la mer est grande, plus l'air peut être humide. Par conséquent, la côte est bénéficie d'un air plus humide de par le parcours, plus long, qu'il a accompli. Et plus d'air humide signifie plus de pluie!

Plus de soleil

D'une manière générale, il se forme moins de nuages au littoral que dans l'arrière-pays. De ce fait, le littoral bénéficie de plus d'heures de soleil que l'arrière-pays. Mais l'effet adoucissant de la mer fait que les températures moyennes d'été y sont plus basses que dans l'arrière-pays.

Davantage de vent

Que le vent souffle fort au littoral, chacun le sait. Ceci est principalement dû à l'écart de température entre l'eau de mer et la terre ferme. Et bien entendu à l'étendue du paysage côtier.

La plage de sable

Les végétaux

Comment naissent les mini-dunes

La construction de levées dans le port de Zeebrugge ou la présence de courants contraires, comme à l'embouchure de l'Escaut occidental à hauteur du Zwin, freinent les courants marins. Le sable, d'ordinaire rongé et emporté par la mer, se déposera à ces endroits-là. C'est ainsi que se forment les dépôts de sable dans la baie de Heist et le chenal du Zwin.

Le vent transporte des grains de sable sur la plage émergée. Là où le vent faiblit derrière de petits obstacles - coquillages, bâtonnets - se déposent des grains de sable. L'on assiste alors à la formation de mini-dunes. À des endroits plus élevés, d'autres dépôts ou alluvions demeurent, qui constituent la base pour la formation de véritables dunes. Toutes sortes de végétaux complètent le tableau.

Le chiendent à feuilles de jonc, le pionnier

Le *chiendent à feuilles de jonc* est la première espèce végétale à élire domicile sur ces petits amas de sable. Cette herbe prend facilement racine et aide à fixer la couche de sable. Pour survivre, elle se nourrit d'eau de pluie et des substances nutritives amenées par le sable. Une fine couche de cire sur la face supérieure des feuilles et de petits poils sur la face inférieure protègent le chiendent à feuilles de jonc de la déshydratation. Ces petits poils maintiennent une petite couche d'air, de sorte qu'un minimum d'eau s'évapore.

Cakilier et soude, les colons de la zone intertidale

D'autres végétaux, comme le *cakilier maritime*, une plante grasse, et la *soude*, une plante épineuse, élisent domicile dans la zone intertidale - les alluvions rassemblées en bordure de la ligne intertidale. Les déchets organiques leur fournissent suffisamment de matériaux pour prendre racine. Ces végétaux, disposés en longs rubans, nous montrent où ont atterri les masses végétale et animale emmenées par le vent et ensevelies sous le sable. Ils illustrent aussi la façon dont les végétaux s'arment contre la déshydratation dans des conditions extrêmes. Ainsi, le cakilier stocke de l'eau dans son organisme charnu. Et grâce aux petites dimensions de ses feuilles et donc au peu de surface d'évaporation, la soude perd peu d'eau.

À l'automne, la soude disperse ses graines d'une manière toute particulière. Elle meurt et se détache de sa racine. Puis elle roule, poussée par le vent, par-dessus les talus et disperse ses graines sur un vaste territoire.

euphorbe des dunes

panicaut des dunes

chiendent à feuilles de jonc

arroche littorale

fruits du pourpier de mer dispersés par les flots

Le pourpier de mer

Le *pourpier des mers* est une petite plante trapue à fleurs blanches qui pousse au ras du sol. Ses nombreuses petites feuilles sont plantées en croix autour de la tige. Le pourpier de mer pousse sur les restes d'anciennes zones intertidales où ne se déposent plus de sable ou d'autres matériaux.

Arroche littorale, arroche hastée et matricaire maritime

Là où les substances végétales, issues d'algues et d'herbes, se rassemblent aux pieds des dunes et forment une sorte de 'foin littoral', s'établissent principalement des plantes telles l'*arroche littorale*, l'*arroche hastée* et la *matricaire maritime*. Vous les trouverez par exemple sur la digue promenade du Zwin, en compagnie de la *betterave maritime*, ancêtre de la betterave sucrière.

L'oyat, le fixateur des sables

La majorité des plantes de la zone intertidale sont annuelles. Cela signifie qu'en un an de temps, elles naissent, croissent, fleurissent et forment des graines. En hiver, elles périssent. Aussi, elles ne contribuent guère à la formation des dunes.

Mais là où les premières dunes, grâce à la présence du chiendent à feuilles de jonc, ont réussi à s'élever de telle sorte qu'elles contiennent un peu d'eau douce, une autre herbe reprend le rôle de 'fixateur des sables': *l'oyat*. Grâce à ses racines profondes et ramifiées et à ses denses faisceaux de tiges et de feuilles, cette herbe renforce et stimule la croissance des dunes. Cette plante s'adapte fort bien à des conditions extrêmes. Par temps sec, ses feuilles s'enroulent sur toute leur longueur, de sorte que seule la partie inférieure étanche est exposée au vent sec. Ainsi, la plante perd un minimum d'humidité.

Le panicaut des dunes, une apparition bigarrée

L'*élyme des sables* contribue aussi à la formation des dunes. Sous le vent, cette plante est rejointe par toute une série de congénères, comme le *panicaut* et l'*euphorbe*. Le panicaut des dunes est probablement le plus connu. Il s'agit d'une belle ombellifère très prisée des papillons de jour, tels le *petit nacré* et le *paon-de-jour*. Naguère, les gens cueillaient les panicauts pour des bouquets de fleurs séchées, de sorte que cette jolie plante littorale avait quasiment disparu. Mais depuis que la loi la protège, elle se porte mieux.

panicaut des dunes

Qu'est-ce qu'une zone intertidale?

Il s'agit du long cordon de coquillages, algues et autres dépôts marins que l'on trouve sur la ligne intercotidale. Cette ligne montre clairement jusqu'où la mer a envahi la plage à marée haute. Elle est parallèle au littoral et se constitue de déchets animaux et végétaux. Toutes sortes d'animaux, comme les puces de sable, y trouvent leur alimentation et transforment, avec l'aide d'une petite armée d'autres 'déblayeurs', les alluvions en humus. La zone intercotidale est donc nettement plus passionnante et fertile que la plage de sable plus stérile. Aussi, dans le zones plus anciennes et à moitié digérées, on trouve de nombreuses plantes.

pourpier des mers — *cakilier maritime* — *soude*

coque à siphons saillants

Les animaux

À marée haute, on voit clairement l'eau montante déposer sur la plage des tas de petits objets, et ceci de plus en plus loin: des morceaux d'algue, de petites feuilles et brindilles, des coquillages, des squelettes d'oursin, mais aussi un tas de déchets... Quand la mer se retire à marée basse, tout est répandu sur la plage. Les traces les plus manifestes de vie marine sont les innombrables coquillages de toutes tailles, formes et couleurs.

Un corps mou dans une solide coquille

En mer vivent des milliers de coquillages. Ils appartiennent à la famille des mollusques. Leur corps mou est protégé par une coquille à deux valves, d'où l'appellation *bivalve*. La coquille grandit avec l'animal.

Les mollusques disposent généralement d'un 'pied' musclé qui leur permet de se fixer dans le sable et la vase. La plupart des bivalves se nourrissent de plantes et d'animaux microscopiques qu'ils retiennent en filtrant l'eau. À cet effet, ils sont équipés de deux tubes ou *siphons*. À l'aide du premier siphon, ils aspirent l'eau de mer dont ils retirent l'oxygène au moyen de leurs ouïes ou branchies, tandis qu'un système de filtrage retient les particules alimentaires et les livre à l'estomac. Quant au second siphon, il rejette l'eau et les déchets.

À la mort du mollusque, la coquille se détache progressivement du sable et les deux moitiés s'ouvrent. Portées par le courant, elle échouent finalement sur la plage, en compagnie de beaucoup d'autres.

Le couteau

Ce bivalve très reconnaissable vit ensablé à la verticale dans de longs tubes près de l'étale de basse mer. Vu que les deux moitiés de la coquille sont liées sur toute la longueur, elle restent collées longtemps après la mort de l'animal.

La coque

La coque ou *cardite* vit juste sous le sable dans la zone entre flux et reflux. Quand elle se sent menacée à marée basse, elle ferme brusquement sa coquille, ce qui entraîne un petit jet d'eau à la surface du sable.

Le donace

Les donaces vivent juste sous le sable à l'étale de basse mer. Quand la marée monte, ils quittent leurs abris et se laissent entraîner par le courant. Quand l'eau se retire, ils regagnent leur abri en rampant vers l'étale de basse mer à l'aide de leur pied.

le donace

le couteau

Comment un petit tas de dentifrice peu trahir un ver...

La plage nous réserve encore d'autres traces attestant la présence de vies cachées. Songez par exemple aux petits 'tas de dentifrice' de sable. Ces petits tas en provenance de l'*arénicole* sont plus connus que l'animal même, que l'on ne voit pour ainsi dire jamais. Les arénicoles, qui peuvent atteindre jusqu'à vingt-cinq centimètres, vivent profondément sous le sable dans un tube en forme de U qu'ils ont eux-mêmes creusé. Les extrémités de ce tube sont clairement visibles sur la plage. Une extrémité se trouve au petit tas et l'autre dix à quinze centimètres plus loin à un petit trou au centre d'une petite cavité.

Grâce à des contractions régulières, l'arénicole pompe de l'eau par l'entrée en forme d'entonnoir de son tube vers la sortie. Entre temps, il en retire oxygène et nourriture, des bactéries et algues unicellulaires. Ce qu'il ne digère pas, il le rejette à la sortie de son tube sous forme d'un petit tas de dentifrice. À cet effet, il remonte le tube en forme de U à reculons jusqu'à atteindre la sortie.

La préhistoire sur nos plages: des dents de requin et de raie

Avec un peu de chance et après le passage d'une tempête de vent d'est, vous pourrez trouver des fossiles, comme des dents de requin et de raie, sur la plage devant le Zwin. Ce sont des traces d'un passé fort lointain: quelque quarante à cinquante millions d'années. L'érosion provoquée par l'Escaut occidental remonte de très anciens sédiments marins et libère ainsi ces fossiles qui échouent sur la plage.

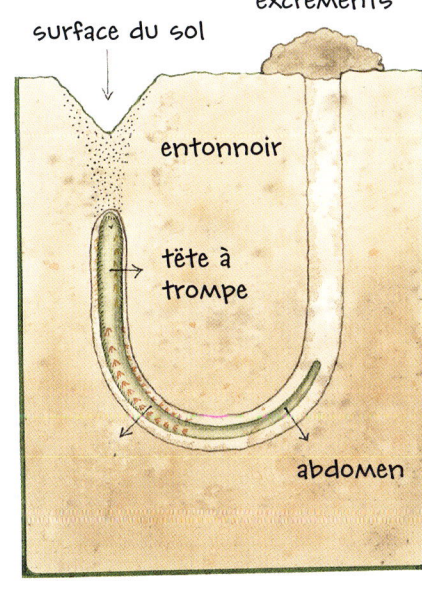

section du tube d'un arénicole

dents de raie et de requin fossiles

Les méduses font aussi partie du plancton animal

Bien que les méduses soient plutôt grandes, elles font aussi partie du plancton. Certes, grâce aux contractions de leur corps en forme de cloche, elles peuvent se déplacer en nageant, mais leurs mouvements sont trop faibles pour résister aux courants marins. Elles doivent donc se laisser entraîner par le courant, tout comme le plancton microscopique.

La méduse est une masse aqueuse

Une méduse est de constitution fort simple. Quand elle échoue sur la plage, elle est peu ragoûtante et visqueuse. En effet, elle est constituée à plus de 95% d'eau. Le corps d'une méduse est une hémisphère ou *chapeau*. En dessous, aux bords, se trouvent les tentacules et leurs cellules urticantes. Au centre se trouve un tube buccal et ses quatre bras buccaux. Le tube buccal donne accès à la cavité, l'estomac de l'animal.

Quand des petits animaux et des poissons heurtent les cellules urticantes, elles décochent de microscopiques flèches qui paralysent la proie. La méduse porte la proie à l'estomac par l'ouverture buccale.

Une méduse peut en cacher une autre

D'avril à novembre, les méduses échouent sur nos plages. En été, ce sont les *aurélies*. On les reconnaît aux quatre organes génitaux blancs ou roses en forme d'oreille qui transparaissent au centre du chapeau. Ces méduses sont totalement inoffensives pour l'homme, à l'opposé de la *cyanée bleue* qui échoue un peu plus tard, en juillet, et la *cyanée jaune* aux tons jaunes ou rouges, fin juillet. Toutes deux possèdent des tas de cellules urticantes qui, si vous les touchez, provoquent de fortes irritations et douleurs de la peau.

En août échoue l'*acalèphe rayonnée*. Son corps présente un dessin brun en forme de rose des vents. Elle se nourrit de plancton et est sans danger pour l'homme. De même pour le *poumon de mer* qui échoue en masse à l'arrière-saison. Cette méduse bleu vert peut atteindre un diamètre d'un demi-mètre.

Les groseilles de mer

Parfois, la plage est parsemée de petites boules gélatineuses translucides, appelées *groseilles de mer*. Elles vivent du plancton qui s'agglutine à leurs longs et fins tentacules couverts de cellules adhésives. Elles portent leurs tentacules à leur cavité buccale et les lèchent.

poumon de mer

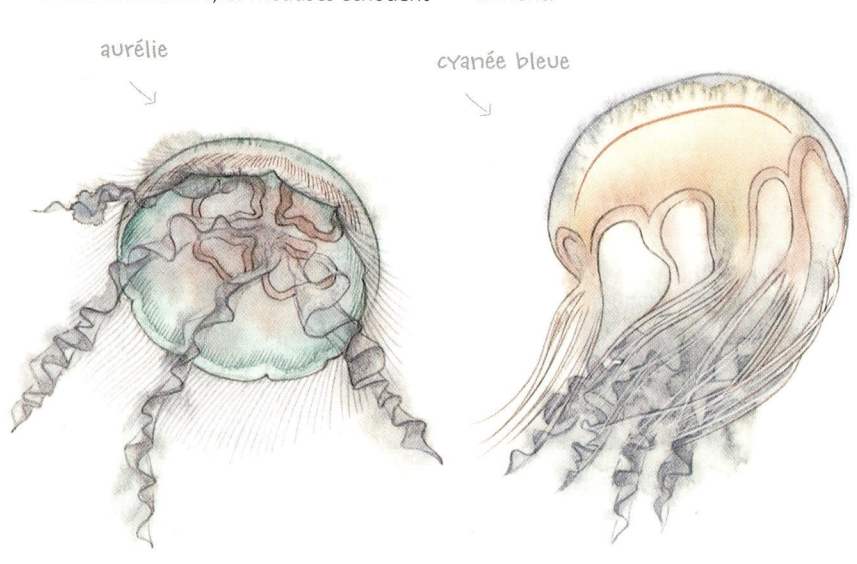

aurélie

cyanée bleue

acalèphe rayonnée

Le cochevis huppé

Le cochevis huppé doit son nom à son étonnante huppe. Jadis, il ne vivait que dans les steppes ou les déserts semi-arides. Mais aujourd'hui, il se sent bien sur les terres sablonneuses et arides du nord-ouest de l'Europe. Chez nous, il est rare. Il couve notamment dans la baie de Heist. Son nid se compose d'une petite cuvette dans le sable qu'il recouvre de matériaux végétaux.

Les cochevis huppés sont particulièrement domestiques et cherchent la proximité des humains. Ils aiment siffler et jouissent aussi d'un 'bain de poussière' dans le sable des dunes. Pareil bain de poussière éloigne les parasites qui vivent entre ses plumes. En dehors de la saison de couvaison, les cochevis huppés vivent en petits groupes.

Les coccinelles

L'on aperçoit parfois des centaines de coccinelles sur des brise-lames ou entre les alluvions sur la plage. Étant donné qu'elles ne désirent pas échouer en mer, elles atterrissent à l'ultime frontière terrestre, c'est-à-dire sur la plage.

coccinelles

moucherons

Les jetées

Les végétaux

Les algues: un bouquet multicolore de plantes marines

Les algues se classent d'après leur couleur: *algues vertes*, *algues brunes* et *algues rouges*. Elles nécessitent un sous-sol solide leur permettant de se fixer à l'aide de leur disque adhésif. Nous les trouvons sur les brise-lames et jetées. Ces derniers sont parfois entièrement envahis par ces plantes marines. Les conditions de vie y sont extrêmes. À marée haute, tout se trouve sous l'eau et à marée basse, toute une zone se trouve à sec.

Chaque algue a son petit coin préféré

La ligne intertidale abrite des algues vertes, comme les *entéromorphes*.
La zone intermédiaire entre flux et reflux abrite la *laitue de mer* et des algues brunes comme le *varech vésiculeux*.
Sous la zone de marée basse ont élu domicile les *ceramium rubrum*, *porphyra* et *mousse perlée* - des algues rouges. La mousse perlée est de forme très variée. Ses fines tiges ont des ramifications tantôt ondulées tantôt frisées. Dans l'eau, cette algue est brunâtre et translucide. Séchée, elle peut être pourpre ou verte.

La lumière joue aussi un rôle: la photosynthèse

La transition de haut en bas, d'algues vertes à algues brunes puis à algues rouges est étonnante. L'endroit où l'algue s'installe dépend aussi de sa couleur et de la quantité de lumière qu'elle peut capter dans la période où elle est immergée et peut s'adonner à la photosynthèse. En effet, les plantes fabriquent elles-mêmes de la nourriture, ce qu'aucun autre organisme vivant n'est en mesure de faire. Leurs racines sucent l'eau et de minuscules trous dans leurs feuilles captent le gaz carbonique. Ainsi, elles produisent des glucides et de l'oxygène. Mais pour cela, elles ont besoin de beaucoup d'énergie, que leur livre la lumière du soleil.
La quantité de lumière diminue en fonction de la profondeur.
La lumière rouge va le moins profondément. Les algues vertes l'utilisent dans la zone supérieure. La lumière verte pénètre jusque dans la zone entre flux et reflux. Les algues brunes s'en servent à leur tour. Finalement, la lumière bleutée, qui va au plus profond, profite aux algues rouges.

← jetée

laitue de mer
varech vésiculeux
goémon noir
mousse perlée

La différence entre une jetée et un brise-lames?

La plupart des gens utilisent le mot 'brise-lames' quand ils veulent dire 'jetée'. En effet, les jetées sont les longues digues qui traversent la plage et s'enfoncent dans la mer. Elles font obstacle à l'emportement du sable par les eaux. Les brise-lames sont des murs portuaires ou des levées laminaires construits parallèlement à la côte pour briser la puissance des vagues et protéger les ports.

Les animaux

L'anémone de mer: belle et impitoyable

Dans la zone de marée basse, vous trouverez des *anémones de mer* ou *actinies* entre les blocs de rocher inférieurs des jetées. Ces animaux appartiennent à la famille de la méduse. Elles ont aussi un corps creux et une couronne de tentacules autour d'une ouverture centrale qui fait office de bouche et d'anus. Mais les anémones de mer ne flottent pas. Elle sont attachées au dos sur un sous-sol dur.

Quand elles sont immergées, leurs tentacules ressemblent aux pétales d'une fleur. Au prix de lents mouvements, elles se mettent en quête de petits animaux et poissons qui nagent ou flottent dans l'eau. Quand un petit animal heurte les tentacules, il est paralysé sur-le-champ. L'ouverture buccale l'entraîne vers la cavité gastrique qui le digère.

Quand on les dérange, les anémones de mer rétractent leur couronne de tentacules. Ainsi, elles sont capables de se contracter en un bouton coriace et visqueux. Leur cavité emmagasine suffisamment d'eau pour survivre pendant des heures à marée basse.

bigorneau

Où le bigorneau est attaché, il broute

À marée basse, vous ne manquerez pas de trouver des *bigorneaux* dans les fissures et cavités des jetées. Il s'agit de petits escargots qui se fixent solidement à marée basse et ferment leur coquille par le bas à l'aide d'une valve étanche et cornée. Cela leur permet de ne pas se déshydrater pendant cette période. Dès qu'ils sont de nouveau immergés, ils regagnent les algues et autres sites couverts de végétation où ils 'broutent'. D'ordinaire, le bigorneau est un herbivore, mais il lui arrive de se nourrir de balanes.

L'étoile de mer a une étreinte mortelle

Quand vous saisissez une étoile de mer ou *astérie*, elle est rêche. Cela provient des dépôts calcaires épineux qui couvrent

étoile de mer ouvrant une moule

la surface rouge orange. Oursins, ophiures, holothuries, étoiles de plume et étoiles de mer font partie de la famille des *échinodermes*.

L'étoile de mer possède cinq bras autour d'un corps central. Sous chaque bras se trouvent quelques centaines de 'faux pieds'. Il s'agit des ventouses qui font office de mini-échasses quand l'étoile se déplace. Elle les utilise aussi pour ouvrir les deux moitiés de sa nourriture favorite, la moule. À cet effet, elle suce des deux côtés de la coquille à l'aide de ses ventouses jusqu'à ce que les muscles adducteurs cèdent. Ensuite, l'étoile sort son estomac par sa bouche et le met dans la moule, qui est digérée sur place et engloutie en forme de bouillie.

Il arrive qu'une étoile perde un bras. Mais qu'à cela ne tienne. Il repoussera progressivement. Les étoiles de mer ont une incroyable faculté de régénération.

actinie commune

Les moules: des filtres à eau de mer vivants

Parmi les autres animaux fixés figurent les moules. Les glandes de ces bivalves sécrètent de solides protéines, sous forme de filaments soyeux ou *byssus*, qui leur permettent de se fixer sur des pierres et des poteaux en bois ou entre elles. C'est ainsi qu'elles constituent souvent de grandes colonies. La solidité du byssus est telle qu'on l'utilisait jadis comme fibre textile pour en faire des gants, par exemple.

banc de moules fort peuplé

moule commune

Les moules se nourrissent en filtrant des déchets organiques et du plancton de l'eau. Chaque moule filtre environ un litre d'eau par jour. À l'instar de beaucoup d'autres coquillages et vers qui filtrent l'eau de mer, elles se chargent de l'épuration naturelle de la mer.

Une patte de plus ou de moins, le crabe vert n'en fait pas un plat

Les *crabes verts* vivent à mi-chemin entre flux et reflux, en des endroits où ils peuvent se cacher. Dans des cavités et de petites mares de la jetée ou plus simplement dans le sable sur la plage, où ils s'enterrent complètement. Ce qui ne les empêche pas de veiller au grain. En effet, leurs yeux sont montés sur des petites tiges qui dépassent du sol.

Comme l'ensemble des crabes, les crabes verts sont des *décapodes*: ils ont cinq paires de pattes, dont la première est transformée en pinces. Ces dernières ne servent pas uniquement d'outil pour manipuler la nourriture, elles servent aussi à intimider les assaillants. Et c'est doublement nécessaire car, à tout moment, les crabes risquent d'être happés par des mouettes ou autres oiseaux.

Quand vous saisissez un crabe, il tente de vous intimider en brandissant ses pinces et en sécrétant de l'écume. Et quand un assaillant réussit à saisir le

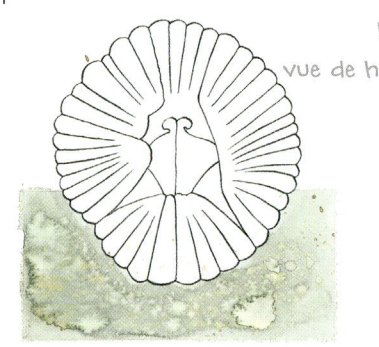

balane: vue de haut et section

crabe par une patte, il s'en sort à sa manière: en pratiquant 'l'autoamputation'. Il se débarrasse de la patte en question et continue sa route. À l'endroit où la patte s'est détachée, un nouvel exemplaire se formera dans une poche cicatricielle.

Le tourteau: une main de velours dans un gant de fer

Le *tourteau* est le plus grand crabe de la jetée. Il peut atteindre trente centimètres de large et peser jusqu'à trois kilos! Pourtant, c'est un animal paisible qui vit retiré dans des cavités profondes entre les blocs de rocher. Les extrémités de ses pinces sont noires, sa carapace est brun orange et ses pattes sont couvertes de petits poils drus.

Les balanes: comme des astronautes dans une capsule spatiale

Sur chaque jetée, sur chaque brise-lames et sous toute pierre submergée poussent des *balanes*. À première vue, on dirait des croûtes calcaires. Mais de plus près, vous verrez que ces croûtes sont joliment formées d'éléments coniques, comme de mini-volcans. Certains présentent une

tourteau

étrille commune   crabe vert

tournepierres à collier

ouverture au sommet du cône, d'autres sont fermés au moyen de petites valves calcaires. Ces animaux appartiennent curieusement à la famille des crustacés, celle-là même abritant homards, crabes et crevettes. À l'état de larve, les balanes évoluent librement dans l'eau de mer. Mais au bout d'un certain temps, elles se fixent de dos à un sous-sol solide. Elles sécrètent ensuite une carapace calcaire en forme de cône tronqué où elles s'abritent, comme un astronaute dans sa capsule. Ses pattes se transforment en brosses qui, sitôt sorties de l'ouverture au sommet du cône, leur permettent de filtrer le plancton de l'eau. À marée basse, elles ferment hermétiquement l'ouverture du cône à l'aide d'une paire de valves.

Cet habitat en forme de cône leur sert aussi à stocker de l'eau, afin de se protéger contre la déshydratation dans l'attente de la prochaine marée haute. À leur mort, il ne reste plus des balanes que leurs cônes, vides. Les sommets de ceux-ci restent à tout jamais ouverts.

Le tournepierre à collier voit plus loin que le bout de son nez

Bien que de petits groupes de *tournepierres à collier* passent l'hiver et l'été sur notre littoral, on les voit principalement en période de migration, de fin juillet à fin novembre et de début mars à fin mai. Comme son nom l'indique, le tournepierre à collier préfère un sous-sol solide à une plage de sable. Aussi, les jetées sont ses endroits de prédilection. Quand ils sont en quête de nourriture, les tournepierres à collier ont une démarche très caractéristique. Tandis qu'ils se baladent, ils retournent sans cesse cailloux, coquillages et algues, à la recherche de petits animaux: hydrobies, crabes, puces d'eau...

L'huîtrier pie

Ces oiseaux au plumage noir et blanc et au long bec rouge corail, sont très voyants. Ils couvent dans les dunes et les polders et évoluent, en dehors de la saison de couvaison, en petits groupes. Leur jacassement est aussi très caractéristique.

Les *huîtriers pie* se nourrissent de vers, moules, petits homards et escargots. Aussi, on les trouve sur les jetées. Avec un peu de chance, vous pourrez voir comment un huîtrier pie ouvre les moules. Quand les moules sont encore immergées et donc ouvertes, la pie tente à toute vitesse de glisser son bec entre les deux moitiés de coquille pour l'ouvrir. Si la moule est fermée, l'huîtrier pie tente parfois de l'ouvrir en la martelant jusqu'à ce qu'elle y fasse un trou d'où il sectionne le muscle adducteur du bec. À marée basse, les huîtriers pies de mer sont très habiles dans l'exercice constituant à déterrer des vers et des coques. Il en mangent quelques centaines par jour.

Comment attraper un crabe sur la jetée?

Attachez une moule ouverte à une petite ficelle d'environ un mètre. Pendez la moule dans une petite mare ou une crevasse entre les rochers. Avec un peu de patience, vous ne tarderez pas à un remonter un crabe. C'est en faisant qu'on apprend... Si voulez saisir le crabe sans vous blesser, prenez-le derrière les pinces à l'aide du pouce et de l'index. Sur le ventre se trouve une petite valve triangulaire. Chez la femelle, elle est beaucoup plus grande que chez le mâle, puisqu'elle y abrite ses oeufs. Après avoir examiné le crabe, replongez-le dans l'eau.

Dunes et bosquets

Les végétaux

Une mosaïque de plantes

Un grand nombre de facteurs font que les dunes sont un véritable patchwork de plantes: l'interaction entre plantes, sol et sable fin; l'activité des lapins, la transition de sec à humide et de salé à doux, l'exposition au soleil, la teneur en calcaire...

Les versants sud et sud-ouest sont souvent couverts de *tortula*. Elle forme de grandes taches vertes et aide le sable à se fixer. Aux endroits où le sol riche en humus est couvert de sable riche en calcaire, vous trouverez du *saule rampant* et de la *ronce bleue*. Et là où le sol s'est de nouveau dérobé, s'est installée l'*herbe aux ânes*, souvent accompagnée de la *vipérine*.

Broussailles ou buissons

L'*argousier* est une plante ligneuse qui se plaît bien dans un sol sablonneux riche en calcaire. Une fine couche de feutre sur ses feuilles lui permet de ne pas se dessécher rapidement. L'argousier est *dioïque*, ce qui signifie qu'il y a des buissons mâles et des buissons femelles. À l'automne, les buissons femelles présentent des baies oranges très riches en vitamine C et fort prisées des oiseaux mangeurs de baies.

Les racines de l'argousier ont des pousses souterraines. Des bactéries tubéreuses s'y fixent, créant de petits tubercules. Ce que les plantes sont incapables de faire, c'est-à-dire retirer de l'azote de l'air, les bactéries tubéreuses sont en mesure de le faire. Et vu que l'argousier cohabite avec les bactéries, il peut très bien vivre sur un sol très pauvre en azote. Étant donné que les bactéries ne cessent de retirer de l'azote de l'air, le sol s'enrichit progressivement en azote. Ce qui explique l'arrivée de *sureaux* et d'*orties*. Les baies de sureau servent de nourriture aux oiseaux. Les buissons d'argousier et de sureau sont souvent tapissés de *bryone*. Cette plante dioïque pousse à une vitesse spectaculaire et peut entièrement envahir buissons et arbres. Elle a des fleurs vert blanc et des baies vénéneuses. Plus bas, vous trouverez la *langue-de-chien*, le *cirse des marais* et la *grande ortie*.

Dans ces broussailles impénétrables, comme dans les bosquets du Zwin, les oiseaux se sentent chez eux. Ainsi, en mai, vous pourrez entendre le chant éclatant du rossignol à la pointe du jour.

Prés et bois

Dans les bosquets du Zwin, vers l'intérieur des terres, les broussailles se transforment partiellement en prés riches en espèces. Vous y trouverez des plantes trapues à petites fleurs et courtes tiges, comme le *thym commun*, le *myosotis* ou *ne m'oublie pas* et le *bec-de-cigogne*. D'autres parties se transforment en bois où croissent le *bouleau blanc*, le *chêne* et le *faux platane*. Comparé aux dunes plus ouvertes, le

bryone

tortula

orchis négligé

bois est davantage protégé. Le sol y est plus ancien et donc plus pauvre en calcaire. Outre les arbres qui s'y trouvent naturellement, on y a aussi planté des *peupliers*, des *peupliers blancs* et diverses espèces de pins, comme le *pin maritime*.

Vallées de dunes

Bien devant l'ancien 'cordon littoral', la rangée de dunes longeant la plage, se forme parfois une jeune rangée de dunes. Le petit segment de plage intermédiaire devient alors une vallée de dunes. Cuvettes et sommets naissent aussi d'autres façons, par exemple quand le sable est emporté à des endroits d'où la végétation protectrice a disparu pour l'une ou l'autre raison.

L'evidement qui en résulte atteint parfois le niveau de la nappe phréatique. À des périodes d'extrême sécheresse, il peut même aller en deçà du niveau phréatique. Finalement, cet évidement est stoppé net à l'endroit où le sable est trop humide pour être emporté. C'est dans ce type de cuvettes humides que la *laîche des sables* tisse le sable à l'aide de ses longues souches aux multiples ramifications. Progressivement apparaît un type de végétation particulier comme l'*érythrée du littoral* et l'*orchis négligé*.

Là où paissaient les vaches, se promènent les touristes

Jusqu'au début du vingtième siècle, les vaches et les chevaux paissaient dans les dunes et cela a sérieusement altéré le paysage. Étant donné que les animaux y paissaient, la végétation était tellement endommagée que le vent y avait libre jeu et des sites de sable fin virent le jour. Le processus de formation des dunes retournait donc à la case départ...

De nos jours, la dynamique a quasiment disparu des dunes de Knokke-Heist. Seulement dans les dunes non protégées en bordure de la plage, où les promeneurs ne cessent de faucher le sable et la végétation, le processus de formation continue son petit bonhomme de chemin.

bryone — orchis négligé — pin maritime — séneçon jacobée — oyat

Les animaux

Le lapin

Les lapins se sentent le plus à l'aise sur un terrain sablonneux et vallonné. Autant dire que les dunes leur conviennent à merveille. Ce sont des animaux sociaux qui vivent en groupes composés de plusieurs familles. Pendant la journée, ils dorment généralement dans le réseau de couloirs qu'ils ont eux-mêmes creusé. Cependant, ils ne creusent jamais de terrier en bordure de mer, car il s'y trouve peu de nourriture et le risque d'être submergé à marée haute est trop élevé. Au crépuscule et à la nuit tombée, ils quittent leur terrier et partent à la recherche de plantes riches en protéines et faciles à digérer, comme des pousses et des racines d'herbes et d'épices, et des brindilles de buissons. Les lapins sillonnent leur habitat en empruntant des sentiers fixes, appelés 'pistes'. Les traces les plus évidentes de leur présence sont les petits amas de crottes, à des 'toilettes' fixes à proximité de leur terrier. Ces crottes sont tantôt foncées tantôt claires. Cela est dû aux habitudes alimentaires des lapins. Le matériau végétal digère mal et au terme d'un premier passage par le long canal digestif, toute la nourriture n'est pas encore digérée. La dégradation de la cellulose, difficile à digérer, s'effectue à l'aide de bactéries dans le caecum. La fibre brute y est convertie en substances digestibles. Le gros intestin et le rectum ne traitent pour ainsi dire pas de substances alimentaires. De ce fait, beaucoup se perdrait. Raison pour laquelle le lapin ravale immédiatement ses crottes. Quand ce matériau sera passé une seconde fois par l'appareil digestif, l'animal en aura tiré toutes les substances alimentaires. La crotte qui subsiste alors est nettement plus claire.

forge de grive

Grive musicienne avec sa forge

Dans les dunes plus anciennes et couvertes de végétation couvent nombre d'oiseaux chanteurs, comme le *rossignol*, la *grive musicienne*, le *troglodyte mignon* et la *fauvette babillarde*. En effet, ils y trouvent une abondance d'insectes, de vers et d'escargots. Afin de sortir l'escargot juteux de sa coquille, la grive musicienne fait appel à un ingénieux petit truc. Elle choisit une pierre et y fracasse la coquille. En général, elle utilise la même pierre pendant un bon bout de temps, de sorte qu'au bout d'un certain temps, la pierre est entourée de débris de coquille. On appelle cela une 'forge de grive'. En effet, la grive se démène comme un forgeron sur son enclume.

Le tadorne de Belon

Le tadorne de Belon est un grand canard migrateur aux couleurs frappantes typique de notre littoral et que vous pouvez voir toute l'année durant au Zwin. Aussi cette réserve naturelle a-t-elle le tadorne de Belon pour emblème. Au printemps, vous le trouverez dans les dunes, où il cache son nid dans un terrier de lapin. C'est pourquoi la femelle n'a pas de couleur de camouflage, à l'inverse de ses congénères qui couvent en plein air.

Au terme d'une période de couvaison d'un mois naissent les petits. Ils accompagnent immédiatement leurs parents dans l'eau. Les tadornes de Belon cherchent leur nourriture dans les mares peu profondes sur les alluvions. À l'aide de leur bec ethmoïdal, ils attrapent des hydrobies, mais aussi des vers et des coquillages.

lapin

grive musicienne

tadorne de Belon près d'un terrier

Gracieuse mais vorace: la cicindèle maritime

Les dunes abritent de nombreuses espèces d'insectes. Une espèce plus rare mais fort gracieuse est la *cicindèle maritime*. Elle a de longues pattes qui lui permettent de se déplacer très rapidement. Et bien qu'elle aime le soleil, elle se dresse sur ses pattes quand le sable est très chaud afin d'échapper à la chaleur.
Quand on l'importune, elle s'envole en bourdonnant et se pose un peu plus loin. Elle attaque ses proies par surprise, mouches et autres insectes, en courant ou en volant. Elle les saisit à l'aide de ses longues mandibules dentées. Quant à la larve de la cicindèle, elle est aussi un redoutable chasseur. Elle creuse un petit trou dans le sable et se terre dans un couloir. Puis elle maîtrise les insectes qui tombent dans le trou et suce leur contenu.

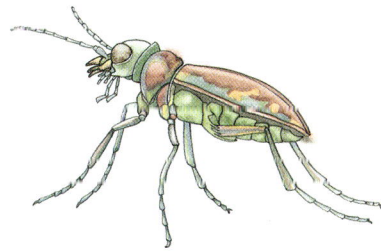

L'agreste raffole des dunes

Par une chaude journée du mois d'août, vous aurez de fortes chances de rencontrer l'*agreste* dans les dunes littorales. Le mâle est brunâtre et la femelle présente des taches orange sur les ailes avant. Quand il se pose sur le sol, il replie ses ailes.
L'agreste pond ses oeufs en été sur des plantes en plein air. Les chenilles hivernent dans un abri sous le sol et au printemps, elles se chrysalident et paraissent sous forme de papillon début juillet.

La goutte de sang annonce la couleur

Bien que la *goutte de sang* s'apparente aux papillons de nuit, elle vit surtout de jour. Ce papillon très voyant a des ailes marquées de noir et de rouge. La rayure rouge sur les ailes avant et les ailes arrière entièrement lie-de-vin sont caractéristiques.
La goutte de sang vole principalement en mai et juin et dépose ses oeufs sur des séneçons jacobées qui poussent dans les dunes. Les chenilles ont des rayures noires et jaunes. D'habitude, elles sont si nombreuses sur une seule et même plante qu'elle est dévorée dans les plus brefs délais. La couleur et le dessin du papillon et des chenilles sont des signaux d'avertissement. En effet, le séneçon jacobée contient des substances toxiques que les chenilles absorbent et qui aboutissent donc aussi chez le papillon. Les couleurs mettent les oiseaux et autres animaux en garde contre ce mauvais goût.

Le petit nacré brille au soleil

Il y a peu de chance, mais si d'aventure vous voyez un *petit nacré*, vous serez stupéfaits par ce 'nacre volant', comme on l'appelle aussi. En effet, les taches de nacre au bas des ailes brillent littéralement au soleil.
Les chenilles se nourrissent de différentes espèces de pensées, dont la *violette des dunes*, et hivernent sous le sol.

Le cul brun et ses poils irritants

En hiver, quand les arbrisseaux ont perdu leurs feuilles, les toiles du *cul brun* se remarquent immédiatement. Ce petit papillon blanc et velu s'apparente aux papillons à duvet. Ses poils constituent une sorte de protection naturelle car ils piquent au toucher. Les chenilles sont, elles aussi, velues et peu agréables au toucher. Elles utilisent leurs poils pour en faire des toiles ou cocons qu'elles tissent entre les rameaux d'une plante alimentaire avant l'arrivée de l'hiver. Il s'agit souvent d'argousiers, qui souffrent considérablement de la voracité des chenilles. Les papillons évoluent en juillet et août. Ils ne mangent pas et ne vivent que quelques jours.

chenilles de la goutte de sang

Sous l'influence des marées, du vent et des travaux de protection des côtes, la plage et les dunes subissent d'éternels changements. À certains endroits, la plage et la bande littorale se sont élargies et à d'autres endroits, la mer a gagné du terrain sur la terre… La plantation de forêts a stabilisé diverses dunes de sable fin.

digue pour promeneurs et cyclists du Zwin au Zoute en 1930 (gauche) et en mai 2004 (droite)

la plage devant le Zwin, direction Catzand, en 1936 (gauche) et en mai 2004 (droite)

Vases salées et prés-salés

Les végétaux

D'humide à sec et de salé à doux...

Sur la plage, la mer n'abandonne que les gros grains de sable. Les plus fins sont de nouveau emportés. À l'endroit où la mer irrigue une plaine derrière les dunes par le biais d'un chenal, comme au Zwin, la puissance des vagues s'atténue, de sorte que de très fins grains d'argile s'y déposent. Ils forment une vasière.

On appelle *vase salée* une vase molle recouverte à marée haute, et *pré-salé* une vase où pousse une végétation particulière qui n'est recouverte qu'à marée d'équinoxe ou à grande marée. Vases salées et prés-salés sont traversés par de petites criques et de larges chenaux. La mer s'y infiltre à marée haute et les quitte à marée basse. Ce type de paysage est rare et donc d'importance internationale. En ce qui concerne notre littoral, les vases salées et prés-salés ne se forment qu'à l'embouchure de l'Yser à Nieuport et au Zwin à Knokke-Heist.

Des sites les plus bas sur les vases salées aux sites les plus élevés sur les prés-salés, l'on assiste à une transition d'humide à sec et de salé à doux, d'une forte à une faible influence des marées. Et on y rencontre une étonnante collection de végétaux.

Algues unicellulaires ou diatomées

Les zones élevées sont moins souvent sous eau que les zones plus basses. C'est pourquoi une végétation toute particulière y a élu domicile. Des millions d'algues unicellulaires, comme les diatomées, y créent des réseaux microscopiques. À l'aide de sécrétions muqueuses, elles cimentent la vase et la fixent au sol.

La salicorne s'approvisionne en eau

Un peu plus haut sur les alluvions pousse la *salicorne*. À première vue, la forme de cette plante ressemble à un mini-sapin. Les rameaux vert vif, juteux et à noeuds font office de réservoir d'eau. La salicorne est pratiquement une plante grasse, une plante sèche avec une réserve en eau. Cela peut paraître superflu puisque, à chaque marée haute, la plante est immergée. Mais il est très difficile pour une plante de soutirer suffisamment d'eau douce à l'eau de mer salée.

La suède maritime

Encore un peu plus haut, mais toujours sur les alluvions, pousse la *suède maritime*. Tout comme la salicorne, il s'agit d'une plante sèche à la tige noduleuse et aux feuilles charnues. À l'issue de la floraison, ces deux plantes adoptent de jolis rouges corail et jaunes d'or avant de dépérir.

De vase salée à pré-salé

Ces plantes fixent de plus en plus de vase et de cette manière, les zones bordières des vases salées s'élèvent progressivement. Ainsi naissent les prés-salés, des vasières couvertes de végétation qui ne sont immergées qu'à marée d'équinoxe ou à grande marée. Des tempêtes peuvent détruire d'importantes parties des prés-salés. Mais d'ordinaire, la mer est suffisamment calme, de sorte que de la vase se dépose entre les plantes, ce qui fait que les prés-salés s'élèvent lentement. C'est-à-dire plus loin de l'influence de l'eau salée et des marées, ce qui donne lieu à la présence d'autres variétés de plantes. Chaque plante des prés-salés a ainsi sa propre teneur en sel et pousse à

statice

spergulaire

La spergulaire: petite mais ingénieuse

La *spergulaire* est un long nom pour une petite plante très fragile. Elle use d'un truc remarquable et habile pour éviter que le pollen ne se mouille à grande marée. Constatez par vous-même. Saisissez une spergulaire en fleur et plongez-la lentement sous l'eau. Vous verrez que les pétales se rejoignent au contact de l'eau. Ils forment ainsi une bulle d'air qui maintient le pollen au sec. Remontez la plante et les pétales se rouvriront.

un autre endroit. Raison pour laquelle les prés-salés sont une mosaïque de différentes espèces de plantes. Les bords de ces zones coïncident pour ainsi dire aux lignes indiquant jusqu'où la mer est montée.

L'atropis: une friandise pour les lapins

L'*atropis* pousse encore plus haut. Elle a des petites feuilles charnues qui s'enroulent souvent dans la longueur afin qu'un minimum d'eau péniblement emmagasinée ne s'évapore. Lapins, lièvres et tadornes en sont friands. Elle est douce au goût et très nutritive.

Le statice

Dans la même vasière entre la laisse de haute mer et la laisse de grande marée pousse le *statice*. De la mi-juin à la fin août, le plaine du Zwin est colorée de magnifiques fleurs pourpres. Les feuilles de cette plante sont couvertes d'une couche de cire impénétrable pour garantir un minimum d'évaporation. Des cellules glandulaires au bas des feuilles éliminent l'excédent de sel sous forme de cristaux.

L'obione annonce l'ensablement

L'*obione* pousse principalement en des endroits où l'eau de mer a déposé du sable. Les courants forts à marée haute entraînent les grains de sable vers les criques et les déposent sur les berges quand elles sortent de leur lit. La prédominance de l'obione dans la plaine du Zwin démontre l'ensablement progressif du terrain.

Le glaux, le gazon d'Olympe et le chiendent littoral

Aux endroits les plus élevés des prés-salés poussent des plantes qui ne supportent que peu de sel, comme le *glaux*, le *gazon d'Olympe* et le *chiendent littoral*. Les minuscules mais superbes fleurs blanc rose du glaux poussent dans les aisselles, l'angle entre la feuille et la tige.

Quant au gazon d'Olympe, il présente une rosette vert vif et une fine tige sans feuilles ainsi qu'un joli capitule rose.

Le chiendent littoral se déploie en des endroits pour ainsi dire jamais inondés.

35

atropis, aster maritime, troscart maritime, spergulaire

gazon d'Olympe, chiendent littoral, glaux

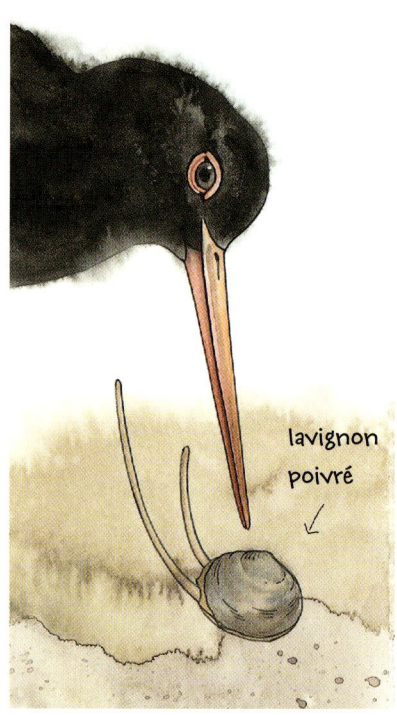
lavignon poivré

hydrobie

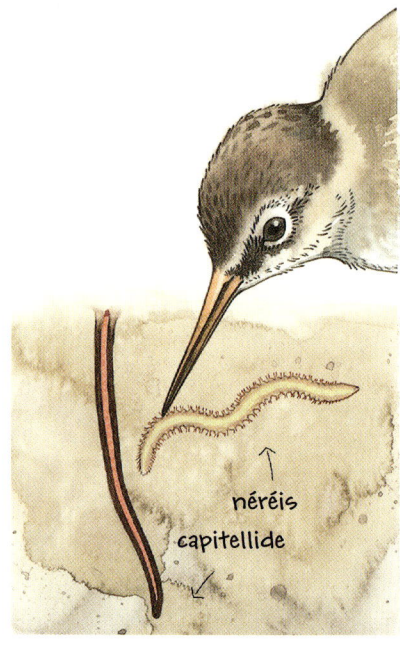
néréis capitellide

huîtrier pie

tadorne de Belon

chevalier gambette

Les animaux

Les algues siliceuses ou le début d'une chaîne alimentaire

Les vases salées sont infiniment plus riches en vie organique que les plages de sable. Ceci provient du fait qu'à chaque marée, l'eau de mer dépose de grandes quantités de matériaux organiques. Quand les vases salées s'assèchent à marée basse, des bactéries décomposent rapidement ces matériaux. Les minéraux ainsi libérés créent les fondements pour les diatomées. Elles pullulent - plusieurs millions par centimètre cube - sur les vases salées et leur confèrent cette couleur brun brillant. Elles constituent la base de la chaîne alimentaire dans cette zone. Les diatomées servent à leur tour de nourriture aux hydrobies, escargots qui à leur tour sont dévorés par les tadornes de Belon.

Des centaines de coquillages sur un mètre carré!

Le *lavignon poivré* est un habitant typique des vases salées situées plus bas. Les lavignons sont des coquillages à coquille béante. Les *moines* multicolores, en grand nombre, font aussi partie du paysage. Ils se trouvent à une profondeur de dix centimètres et, à l'instar du lavignon, présentent deux siphons pour recueillir nourriture et eau, puis éliminer les eaux usées. La *coque* est, elle aussi, équipée de siphons. Mais ils sont fort courts car elle vit juste sous la surface. En certains endroits, les coques envahissent par centaines un mètre carré de vase salée et forment de véritables bancs. Les pies de mer raffolent des coques, lavignons poivrés et moines.

La *mye*, qui peut atteindre jusqu'à vingt centimètres, vit à trente centimètres sous les alluvions. Seuls les courlis cendrés réussissent à la déterrer grâce à leur long bec courbe.

Crevettes et vers passent aussi à la casserole

Des milliers de *crevettes de vase* vivent dans de petits couloirs en forme de U sous la vase. Les *avocettes* en raffolent. Les vases salées présentent aussi une

courlis cendré

grand gravelot

avocette

multitude de traces de vie souterraine, comme les petits tas de dentifrice des *arénicoles*, de petits amas de graines noires ou excréments de *capitellides* et de nombreux petits trous de galeries de *néréis*. Ces vers servent de nourriture aux échassiers comme la *barge rousse* et *le chevalier gambette*.

Comment un oiseau trouve-t-il à manger dans la vase?

Tous ces oiseaux trouvent les animaux souterrains en tâtant les alluvions. Ils chassent au toucher. L'intérieur de leur bec est couvert de cellules sensorielles qui leur permettent, au toucher, de différencier ce qui est comestible de ce qui ne l'est pas. D'autres échassiers chassent à vue. Ils repèrent leur proie et l'attrapent en courant. Le *pluvier* en est un bel exemple. Ses courtes pattes et son bec court et solide lui permettent de saisir puces de sable et insectes.

Une multitude d'oiseaux et pas l'ombre d'une dispute

Les *vases salées* sont étonnamment riches en escargots, vers et coquillages et proposent un véritable banquet aux diverses espèces d'oiseaux. Certaines espèces en sont même tributaires pour survivre. Parmi les oiseaux qui y nichent, citons l'*avocette*, le *grand gravelot*, le *chevalier gambette* et le *tadorne de Belon*. Et parmi les migrateurs, le *pluvier argenté* et la *barge rousse*. Curieusement, toutes ces espèces cohabitent pacifiquement. Elles ne se disputent pas la nourriture. Et pour cause, elle est surabondante et chaque espèce dispose d'un bec approprié à une certaine profondeur dans la vase. En revanche, leur biorythme est identique: elles ne peuvent s'alimenter qu'à marée basse, vivent au rythme des marées et n'ont donc pas de rythme diurne ou nocturne. À marée basse, elles vont chercher à manger et à marée haute, elles se reposent en des endroits plus élevés, les refuges de marée haute. Les îlots dans les petits étangs occidentaux du Zwin font office de refuges de marée haute pour les pluviers argentés, avocettes, pies de mer et tournepierres à collier.

 néréis

 crevette de vase

 lavignon poivré

L'avocette

L'*avocette* est un oiseau élégant qui évolue dignement dans les eaux peu profondes. Son bec fait des coupes dans la couche humide supérieure de la vase et cueille tout ce qui est comestible. Les crevettes de vase constituent son repas favori.

Le grand gravelot

Le *grand gravelot* saisit puces de sable, petits crabes, vers et coquillages à l'aide de son bec effilé.

Le courlis cendré

Le *courlis cendré* se reconnaît facilement à son long bec arqué et par son dos tacheté, les mouchetures de son plumage. La femelle est plus grande que le mâle et a le bec plus allongé. À l'aide de son bec, le courlis pêche des vers et des coquillages profondément enfouis sous la vase, comme les arénicoles et les lavignons.

Le tadorne de Belon

Le *tadorne de Belon* fouille la couche humide supérieure de la vase à l'aide de son bec. Il rejette l'eau contenue dans son bec par les ethmoïdes au bord de son bec. Ces ethmoïdes retiennent la nourriture qu'il avale ensuite. Le tadorne de Belon est friand des hydrobies.

L'huîtrier pie

À l'aide de son solide bec, l'*huîtrier pie* pêche des coquillages comme des coques, des lavignons et des moines-dans la vase. Il arrive à casser les coquillages ou à détruire les muscles adducteurs pour s'approprier leur tendre contenu.

Le chevalier gambette

Le *chevalier gambette* se démène aussi sur les alluvions. À l'aide de son long bec effilé, il cherche néréis, crevettes de vase et capitellides enfouis sous la vase.

L'hydrobie

Les *hydrobies* sont de minuscules escargots qui vivent parfois en très grand nombre, quelques centaines au mètre carré. Ils 'paissent' sur les prés de diatomées des vases salées et constituent une importante ressource alimentaire pour le tadorne de Belon.

La crevette de vase

Des milliers de *crevettes de vase* vivent dans des couloirs en forme de U sous la vase. Elle sont le plat préféré des avocettes. Les crevettes se nourrissent du plancton qu'elles filtrent de la vase. Leurs excréments sous forme de petits tas parsèment les vases salées.

Le lavignon poivré

Un autre habitant un peu plus profond des vases salées. Ce bivalve se terre à quelque quinze centimètres sous la vase.

 capitellide

 hydrobie

 arénicole

bruant des neiges est féru de graines de statice

La mye

La *mye* peut atteindre vingt centimètres. Il vit à trente centimètres sous la vase. Ses deux siphons sont très longs et forment une seule et unique trompe. Seuls les courlis cendrés arrivent à le déterrer à l'aide de leur long bec.

L'arénicole

Les petits tas de dentifrice trahissent la présence des *arénicoles*. Ils vivent dans un tube en forme de U. Chaque petit tas de dentifrice indique la sortie d'un tube. À proximité se trouve un petit trou, l'entrée.

Le néréis

De nombreux trous dans la vase sont des accès aux petits couloirs des *néréis*. Ces vers nourrissent abondamment les échassiers, comme la barge rousse et le chevalier gambette.

Les capitellides

Ce petit animal abonde lui aussi dans la vase. Il vit la tête en bas dans de longs couloirs verticaux. Il mange de la vase et digère les algues et bactéries qu'elle contient. Ses excréments, de petits tas de graines noires, parsèment la vase.

Le bruant des neiges est originaire du Grand Nord

En hiver, le *bruant des neiges* cherche sa nourriture en des endroits couverts de suède fanée et de salicorne séchée. Cet oiseau couve dans le Grand Nord et hiverne sur notre littoral, en compagnie d'autres bruants, pinsons et alouettes. Mais on le reconnaît aisément aux taches blanches sur ses ailes et sa gorge. Le bruant des neiges se nourrit de graines de salicorne, de suède et de statice.

L'aigrette garzette

L'*aigrette garzette* est un héron blanc au bec noir et aux orteils jaunes. Le Zwin est la seule région de Belgique où elle évolue. Cet élégant oiseau y couve et y hiverne. Quand il est en quête de nourriture, il court nerveusement dans les eaux peu profondes. Il pique çà et là, dans l'espoir de mettre la patte sur un petit poisson ou un ver.
À l'instar du héron cendré, l'aigrette garzette vole le cou rentré, en forme de S, ce qui la différencie de la spatule qui vole le cou tendu.
Jadis, on abattait l'aigrette garzette pour les plumes ornant sa tête. Il servait à donner de l'élégance aux chapeaux de ces dames. Des milliers d'oiseaux furent ainsi abattus, de sorte que l'aigrette garzette avait quasiment disparu au dix-neuvième siècle. Heureusement, elle est aujourd'hui protégée et la mode de ce type de chapeaux est tombée en désuétude.

> **Un aéroport international pour le trafic d'oiseaux**
>
> *Quand vous regardez le Zwin depuis la digue, vous voyez une multitude d'oiseaux. On dirait qu'ils y ont tous leur propre site, mais ce que vous voyez n'est jamais qu'un instantané. En effet, le Zwin est le siège d'un perpétuel va-et-vient...*
>
> *Cette réserve naturelle est un important 'transit' pour les oiseaux migrateurs. Au printemps, nombre d'oiseaux quittent les régions chaudes où ils ont hiverné et regagnent leur aire de couvaison au nord. En hiver, ils entreprennent le voyage inverse. Beaucoup d'espèces d'oiseaux suivent les lignes côtières et se servent des embouchures et autres domaines naturels pour se reposer et se nourrir - à l'instar des avions qui font le plein de carburant sur un aéroport lors d'un vol de longue distance. Nombre d'espèces atterrissent au Zwin à intervalles réguliers. Les oies sauvages par exemple, qui se posent chaque année fin octobre ou début novembre.*

aigrette garzette

La zone urbaine

Quand on vous parle de la nature à Knokke-Heist, vous pensez sans doute immédiatement au lever du jour sur la plage ou dans les dunes, ou aux oiseaux sur les vases salées et les prés-salés du Zwin. Or, la 'nature' est partout. En effet, la zone urbaine compte de nombreux espaces verts, tels parcs, bois, étangs communaux, terrain de golf. Même les rues de Knokke-Heist regorgent de petits bouts de nature: des jardinets, squares et jardins publics jusqu'aux vieux murs et vieilles pierres du cimetière.

Les rues

Les végétaux

Le saule têtard un logis pour nombre d'animaux et de plantes

Les milliers de saules têtards plantés en rangées au Zoute déterminent l'aspect des rues. Quand vous traversez les rues en période d'été, quand les cimes sont en feuilles, vous avez presque l'impression de traverser une forêt. C'est d'ailleurs la raison première pour laquelle ces arbres ont été plantés: pour plonger les gens dans une oasis de paix et de verdure. Knokke-Heist compte aujourd'hui quelque trente mille saules têtards et leur maintien en bonne santé constitue une lourde tâche pour les services d'entretien: ils doivent tailler les arbres, remplacer les exemplaires qui ont péri, et cetera. À certains endroits se trouvent de très vieux exemplaires. Leur tronc est noueux et souvent irrégulier. Les saules têtards ont un bois doux qui pourrit aisément en vieillissant, ce qui explique la présence, chez ces vieux exemplaires, de grands trous et de fentes. Aussi, ils abritent une communauté à part entière. Des graines germent dans le bois vermoulu entre les branches et une végétation très variée s'y installe. De nombreux insectes et autres invertébrés, comme les cloportes et les mille-pattes, s'y nichent. Ces petites bêtes constituent à leur tour l'alimentation d'oiseaux, comme la mésange, qui se terrent aussi dans ces cavités.

Les animaux

Les fourmis

Quand les fourmis 'traient' les pucerons

Le tronc d'un saule têtard présente parfois un trafic très dense: des dizaines de fourmis se suivent à toute vitesse en un longue colonne depuis le bas jusqu'à la cime et vice versa. Conclusion: le feuillage du saule abrite de larges colonies de pucerons. Ces insectes sucent les sucs des branches. Afin d'emmagasiner suffisamment de protéines, ils avalent tant de suc qu'ils sécrètent un liquide. Ce dernier est riche en sucre et les fourmis en raffolent. Elles cherchent les gouttes de liquide auprès des pucerons et transportent l'aliment riche en sucre vers leur nid. Les fourmis vont même jusqu'à encourager les pucerons à produire du liquide en les caressant à l'aide de leurs antennes. L'on pourrait dire que les fourmis considèrent les pucerons comme leur bétail et qu'elles les traient! Et leur cour assidue ne s'arrête pas là, car elles les protègent aussi des intrus et autres assaillants. Les chrysopes et les coccinelles par exemple, qui apprécient les pucerons. Mais dès qu'elles s'approchent, les fourmis les chassent immédiatement.

le service d'entretien de Knokke-Heist veille sur 30.000 saules têtards

cloporte

fourmi trayant un puceron

Le zèle des fourmis

Les fourmis vivent en colonies de plusieurs milliers d'individus. Leur nid se situe sous le sol et forme un réseau complexe de couloirs comprenant dépôts de nourriture, chambres d'enfants et bien entendu un habitat destiné à la reine. Elle passe l'ensemble de sa vie à pondre des oeufs. Les autres fourmis sont des ouvrières. Elles prennent soin des oeufs, nourrissent les larves, protègent les chrysalides, entretiennent le nid et livrent l'alimentation. Les fourmis n'ont pas de température du corps fixe. Leur température varie en fonction de l'environnement. Donc plus il fait chaud, plus élevée sera la température de leur corps. C'est pourquoi elles sont plus actives par temps chaud que par temps frais et nuageux. Quand il fait chaud, les ouvrières rapprochent les chrysalides de la surface du nid. Ainsi, elles profitent de la chaleur et se développent plus rapidement. Aussi, les ouvrières étendent parfois le réseau de couloirs jusque sous les pavés ou autres pierres que le soleil réchauffe rapidement et qui gardent cette température pendant un certain temps. Si vous retournez une pierre par temps chaud, vous y découvrirez souvent un petit tas de chrysalides de fourmis entouré d'une petite armée d'ouvrières prises de panique.

Au printemps, les oeufs libèrent des mâles et femelles ailés. Par un jour chaud et humide, ils quittent tous le nid et s'envolent haut dans les airs. C'est là qu'ils s'accouplent, après quoi les mâles meurent et les femelles fondent une nouvelle colonie.

Comment garder les fourmis hors de chez soi?

Les fourmis sont persévérantes, toujours en quête de nourriture, comme des graines de plantes et des larves d'insectes. Ceci les entraîne parfois dans nos foyers, cuisines et armoires à provisions qui regorgent de bonnes choses. La meilleure façon de les garder hors de chez soi est de garder sucre et autres douceurs sous clef et donc hors de leur portée.

Les cloportes sont des petits homards sur la terre ferme

Les pierres humides et le bois vermoulu cachent souvent des *cloportes*. Ils s'apparentent aux crevettes et homards. Étant donné qu'ils respirent aussi par des branchies, ils doivent

pie et son nid

continuellement se trouver en milieu humide. Par temps très chaud et très sec, ils meurent rapidement. Ils se nourrissent de pourriture végétale et de feuilles tendres.

Les mendiants parmi les oiseaux

La plupart des oiseaux de la zone urbaine élisent domicile dans les jardins, bois et parcs. Mais il est différentes espèces qui sillonnent régulièrement les rues, surtout à la sortie des poubelles. En effet, mouettes, choucas et pies ont appris que le saccage des sacs poubelles était payant. Et ce au grand dam de toutes celles et ceux qui tentent de faire de Knokke-Heist une commune propre.

les goélands argentés fouillent dans les sacs poubelles

Les cimetières

Les végétaux

Contrairement à jadis, les cimetières se transforment de plus en plus en parcs. Ces endroits respirent une ambiance toute particulière. Sentiers champêtres, arbres frémissants et senteur des murs humides et moussus. Pierres tombales et monuments funéraires dédiés au souvenir et à l'éternité. Là où le temporel cède le pas à l'éternel, la nature a prévu un cadre approprié...

Les hêtres

En compagnie du chêne, le *hêtre* est le plus connu des arbres feuillus. Dans la forêt, son tronc est haut et droit. En revanche, un hêtre franc de pied ne grandit pas tellement et sa cime est très large. Il présente une écorce fine, lisse et grise, et un feuillage très dense qui donne beaucoup d'ombre, raison pour laquelle on le plante souvent dans des allées et avenues, dans des parcs et cimetières. L'écorce étant fine, elle est relativement sensible à la lumière du soleil et il lui arrive d'attraper un 'coup de soleil'. L'écorce se dessèche, craque et ne protège plus l'arbre. C'est peut-être pour cela qu'en hiver, les feuilles mortes restent accrochées à l'arbre en guise de protection.

Bryophytes et lichens

Les *bryophytes* sont des végétaux primitifs. Ils n'ont ni fleurs ni graines, mais se reproduisent au moyen de spores. La racine, la tige et les feuilles sont simples. La racine sert uniquement de fixateur et il n'y a pas de vaisseaux. Les mousses doivent tirer de l'eau et des minéraux des précipitations et de l'air. La majorité des mousses ne grandissent pas et poussent en des endroits humides et ombragés.

Le *lichen*, comme la *parmélie des murailles*, est en fait un 'couple', une cohabitation entre un champignon et une algue. La majeure partie d'un lichen se compose d'un réseau de fils fongiques, qui entourent les cellules des algues ou y pénètrent à l'aide de fils aspirants. Le champignon protège l'algue de la déshydratation et des variations de température, et se charge de l'apport en eau et en minéraux. Quant à l'algue, elle fournit l'alimentation. Par le biais de la photosynthèse, elle transforme le gaz carbonique en eau et en sucre, dont le champignon profite. Mais à l'oeil nu, on ne voit pas la différence entre le champignon et l'algue, et le lichen forme un bel ensemble.

Les lichens tirent l'eau et les minéraux de l'air et des précipitations et avalent des matières toxiques. C'est pourquoi certains lichens sont de véritables 'indicateurs' de pollution. Quand les lichens disparaissent, il est clair que la qualité de l'air laisse fortement à désirer...

La cymbalaire des murs

La *cymbalaire des murs* est une jolie petite plante. Elle a de petites fleurs pourpre clair, des feuilles charnues comme le lierre, et des tiges fines et filiformes qui grimpent ou pendent. À intervalles réguliers, les tiges forment de petites racines qui s'ancrent dans les interstices entre les pierres. À l'issue de la floraison, le pédoncule s'incline de telle sorte que les graines atterrissent dans les joints et les fentes entre les pierres.

hêtre: fleurs mâles et femelles, le fruit ou faîne et la feuille

dalles et monuments funéraires

Les animaux

campagnol roussâtre

Les chauves-souris

Les chauves-souris sont les seuls mammifères capables de voler. Leurs ailes ne se composent pas de plumes, mais d'une peau tendue entre les très longs doigts, les pattes postérieures et la queue. Les chauves-souris évoluent uniquement au crépuscule et la nuit. Leur vol particulier, acrobatique mais infaillible, leur a valu une très mauvaise réputation. De telles acrobaties ne peuvent s'effectuer sans la caution des forces obscures et les chauves-souris sont des suppôts du Diable, croyait-on. Beaucoup d'entre elles finissaient leur vie clouées à la porte de la grange pour chasser le Mal du domaine. Bien entendu, tout cela n'était qu'ignorance et superstition. En vérité, les chauves-souris sont équipées d'un 'sonar'. Elles émettent des ultrasons, des sons qui se situent au-delà de notre limite d'audition. Les ondes sonores se répercutent sur les murs, branches, insectes en vol, buissons, voitures... avant d'être recaptées par les chauves-souris. C'est ainsi qu'elles 'entendent' une parfaite image tridimensionnelle de leur environnement. Elles ne heurtent rien et sont capables d'attraper moustiques et mites dans l'obscurité la plus totale. Les chauves-souris n'atterriront donc jamais par accident dans les cheveux de quelqu'un, comme le veut la légende populaire.

De jour, les chauves-souris se reposent dans des cavités. Les cimetières offrent tout cela en grande quantité.

Toutes nos chauves-souris vivent d'insectes. Étant donné qu'ils disparaissent en hiver, elles cherchent des grottes, des greniers, des bunkers ou des cavités dans des arbres dès la fin de l'automne pour y hiverner.

Le campagnol roussâtre

Le *campagnol roussâtre* est un des plus fréquents campagnols de nos régions. Il a de petits yeux et de petites oreilles, une courte queue et un corps trapu. Il vit sur le sol couvert de végétation des bois et jardins. Le menu du campagnol roussâtre se compose de graines, fruits, baies, noix, racines, plantes vertes et champignons. En l'absence de végétation au sol, il arpente jour et nuit le réseau de tunnels entre les plantes ou sous le sol, en quête de nourriture. Les années où le temps est doux et la nourriture abondante, le campagnol roussâtre se reproduit dès février jusqu'à la fin de l'automne. La femelle met bas d'avril à septembre: quelque cinq portées de trois à sept jeunes. La gestation dure vingt jours. Au bout de deux semaines, les jeunes quittent la nichée et à l'issue d'un mois, ils sont déjà indépendants et aptes à la reproduction. Raison pour laquelle le nombre de campagnols peut soudain s'accroître de façon spectaculaire.

chauve-souris au repos

mousses et lichens

Murs anciens et façades

Végétaux et murs anciens

Les végétaux poussent aux endroits les plus insolites, même sur des vieux murs décrépits. En général, il s'agit d'espèces originaires des montagnes où elles s'enracinent dans des crevasses naturelles. En ville, elles choisissent des lézardes et des cavités dans des joints de mortier riche en calcaire.

La rue-de-muraille, le démolisseur tranquille

La *rue-de-muraille* est une petite plante vert foncé dont les feuilles coriaces restent vertes toute l'année, sauf lors d'hivers extrêmement rudes. À l'inverse d'autres fougères, elle se fixe aisément sur un sous-sol pierreux. Les minuscules irrégularités dans le ciment calcaire des joints des murs anciens lui suffisent amplement. De cette manière, la rue-de-muraille tient un rôle de pionnier dans l'apparition de végétation sur les murs anciens. Les joints de calcaire se décrépissent à cause des racines et d'autres plantes, comme la *cymbalaire des murs*, qui s'y fixent à leur tour.

La giroflée des murailles, une des plus belles

Cette magnifique plante murale est probablement originaire de la Méditerranée avant d'apparaître ici à l'état sauvage.

Les végétaux des façades

Depuis peu, la végétation sur les façades est très en vogue. Mais n'y voyez pas pour autant un phénomène de mode. En assimilant des particules de poussière, les végétaux des façades aident à purifier l'air. Ils maintiennent une couche d'air entre leurs branches et feuilles et le mur, de sorte qu'ils ont un effet isolant qui abrite le mur de l'humidité. Des études ont démontré que les immeubles vêtus d'un tel manteau vert ont une durée de vie plus longue. Il importe toutefois d'éloigner ces plantes des tuiles et des gouttières. En effet, certaines plantes poussent sous les tuiles et les soulèvent après un certain temps, de sorte que le toit n'est plus étanche. Et parfois, elles endommagent ou bouchent gouttières et empêchent l'écoulement.

Le chèvrefeuille, une plante volubile et parfumée

Le *chèvrefeuille* est une plante volubile qui se hisse à l'aide de l'un ou l'autre appui, comme un espalier ou un buisson. Le chèvrefeuille pousse environ un mètre par an et vit quelques bonnes dizaines d'années. Ses fleurs sont d'ordinaire blanches, jaunes ou roses. Le soir, il dégage une forte odeur qui attire de nombreux papillons de nuit venus chercher du nectar qu'ils extraient des fleurs à l'aide de leur longue langue.

lierre

Le lierre, du vert toute l'année

Le lierre est une plante qui se fixe d'elle-même. C'est-à-dire qu'il ne nécessite pas de constructions ou d'autres plantes pour s'appuyer et se hisser. En effet, le lierre est une plante radicante, ce qui veut dire qu'elle a des racines adventives qui lui permettent de se fixer à la façade. Ainsi, les branches se fixent à des intervalles réguliers, tout en se hissant. Le lierre peut atteindre jusqu'à trente mètres! C'est ainsi qu'il pousse parfois jusqu'à la cime de vieux arbres. En outre, il est vert toute l'année: il garde ses feuilles en hiver, de sorte que la façade est isolée toute l'année et abrite toutes sortes d'animaux. Et grâce à une fine couche de cire, ses feuilles ne gèlent pas.

Au bout d'une dizaine d'années, le lierre produit de discrètes ombelles hémisphériques à l'automne. En hiver, les baies noires confèrent une petite touche décorative à l'ensemble.

façade couverte de végétation

chèvrefeuille

Les animaux

Nombre d'araignées, insectes et petits animaux se réfugient dans cette dense végétation de façade. C'est une des raisons pour lesquelles des oiseaux comme les fauvettes et les troglodytes mignons aiment y picorer.

Le merle aime les récitals

Pelouse rime avec merle. Il sautille sur l'herbe jusqu'à ce qu'un ver s'offre à lui. Il en est friand. Il y a des différences frappantes entre le mâle et la femelle. Les mâles adultes sont noirs et ont un grand bec jaune, tandis que les femelles sont d'un brun foncé plutôt discret. Au printemps, le merle aime chanter à l'aube, et avant ou après une averse.

L'accenteur mouchet n'est pas très fidèle

L'accenteur mouchet est plus fin et plus petit que le moineau domestique et a un bec fin. Il sautille et fait des petits bonds. En vérité, c'est un petit oiseau discret qui vit d'insectes et de graines. D'ordinaire, il chante au sommet d'un arbre ou d'un arbuste. Son chant rappelle celui du troglodyte mignon, mais sans trémolo et beaucoup plus bas. Son nid est un petit bocal d'herbe, fourré de poils et de mousse. Détail piquant: les mâles et les femelles ont parfois plusieurs partenaires en même temps.

Le troglodyte mignon, petit de taille mais grand chanteur

Le *troglodyte mignon* est un petit oiseau très actif, qui agite sans cesse sa queue de haut en bas. Vous le verrez exécuter des courbettes et des petits sauts plutôt rigolos à chaque nouvelle découverte. Son menu se compose principalement de petites araignées et d'insectes. À l'écoute de son chant, on s'imagine un malabar. Et c'est tout le contraire. Qu'un si petit oiseau puisse avoir une voix aussi puissante est surprenant!

troglodyte mignon

Le martinet noir fait tout dans les airs

Le *martinet noir* vole très vite et vit en ville, où il niche dans des fentes de façades et des cavités de gouttières. Il fait partie de la famille du colibri. Il passe la plupart de son temps dans les airs. Il va même jusqu'à se reproduire et dormir dans les airs. Aussi, son corps léger et aérodynamique est entièrement adapté à ce mode de vie.

L'hirondelle de fenêtre se plaît à Knokke-Heist

Les *hirondelles de fenêtre* hivernent au

martinet noir

sud du Sahara. Début avril, elles viennent chez nous, mais il faut attendre la fin mai avant qu'elles ne soient toutes de retour. La migration d'automne débute à la mi-août et atteint son apogée à la fin septembre.

À Knokke-Heist, les hirondelles de fenêtre forment de petites colonies. Elles construisent des nids de vase en forme de bocal sous les gouttières ou les saillies des toitures. Une petite ouverture orne le haut du nid. À l'inverse d'autres régions de notre pays, Knokke-Heist compte encore énormément d'hirondelles de fenêtre. Les gens se plaignent parfois des déjections qui choit sous le nid. En effet, cet 'engrais' peut atterrir sur un appui de fenêtre ou tout simplement sur l'escalier menant à la porte d'entrée. Mais ce problème se résoud fort simplement. Fixez une planchette suffisamment grande sous le nid et elle recueillera les excréments en question.

merle

accenteur mouchet

hirondelle de fenêtre

Les étangs communaux

Les végétaux

Le roseau

Le *roseau* est très commun en eau douce et saline. Il s'agit d'une des plus grandes herbes d'Europe. Ses tiges sont lisses, creuses et robustes. Elles forment souvent une végétation ripicole, c'est-à-dire sur les rives, dense et presque impénétrable. Les pétales du roseau en fleur sont relativement grandes, denses et douces, et de couleur violette ou brunâtre.

Le roseau forme des racines très élaborées qui, comme le saule têtard, protègent les rives de la désagrégation. En effet, ces racines font office de filet à mailles fines qui font que la terre des rives reste fixée et n'est pas emportée en période de crue. Quand le roseau meurt à l'automne, il reste longtemps droit et pare les rives de jolis tons mordorés.

Les tiges sont ensuite coupées et utilisées comme toiture.

Le nénuphar ne fleurit qu'à ciel ouvert

En l'absence de carpes, le *nénuphar* a encore une chance de survivre. Tout le monde connaît ses feuilles presque rondes qui flottent sur l'eau. Mais la plus grande partie du *nénuphar* se trouve sous l'eau. En effet, les feuilles sont attachées à de très longues tiges qui naissent d'une souche fixée dans la boue. Quand une nouvelle tige atteint la surface de l'eau, elle se met à flotter.

Les pédoncules aussi sont très longs. Ils hissent chacun une fleur hors de l'eau. Les fleurs sont blanches ou roses et ne déploient leur corolle qu'à ciel ouvert. Quand le fruit est mûr et éclate, des graines flottantes se libèrent. Au bout d'un moment, elles sombrent vers le fond, où se formera une nouvelle plante.

L'élodée vient du Canada

L'*élodée* est une plante sous-marine aux longues tiges ramifiées. Ces tiges sont ornées de couronnes de trois longues feuilles sans pédoncules.

Cette plante fut importée du Canada en 1860. Elle s'adapta et poussa si bien dans nos régions qu'elle en vint parfois à boucher canaux et fossés, empêchant tout trafic maritime.

élodée

Les animaux

La foulque macroule

La *foulque macroule* est un oiseau quelque peu chamailleur qui aime l'eau. Elle possède un corps ardoise, un grand bec blanc et un front blanc. Elle s'alimente en plongeant dans l'eau et en 'picorant' le sol. Aussi, on la voit souvent en quête de nourriture dans les prés. Son menu est donc très varié: herbe, graines, pousses, escargots, têtards et autres petits animaux aquatiques.

La foulque macroule construit de préférence son nid sur une rive entre les roseaux ou sur un tas de déchets végétaux agglomérés. Son nid est un bocal de matériaux végétaux et de branches.

Libellules et demoiselles

Avec les papillons, les *libellules* font partie des plus beaux insectes. Elles ont de courtes antennes, un long abdomen et de grands yeux à facettes. Leurs ailes nervurées sont solides et bruissent en vol. Ces 'chasseurs à vue' se nourrissent d'autres insectes volants, moustiques et moucherons.

foulques macroules

libelulle

La majorité des libellules pondent leurs oeufs à proximité d'une eau stagnante ou courante. Les larves grandissent dans l'eau. Dans cette première phase de vie, elles sont nettement moins belles que leurs parents. Elles ont déjà un peu la forme d'une libellule, mais sans le long abdomen et sans les ailes. Elles se nourrissent de quantités de petits animaux aquatiques, de larves d'insectes et de têtards qu'elles saisissent à l'aide de leur mandibule inférieure escamotable.

L'on distingue deux familles de libellules: les demoiselles et les véritables libellules. Les *demoiselles* sont minces et possèdent deux paires d'ailes identiques qu'elles replient au repos. Leurs yeux sont clairement séparés et elles ne volent que modérément.

Chez les *libellules* les ailes ne sont pas identiques. Les ailes arrière sont plus larges et ces insectes volent très bien. On les voit souvent en des endroits plus éloignés de l'eau que les demoiselles. Les véritables libellules sont aussi plus fortes que les demoiselles et leurs grands yeux se rejoignent au sommet de la tête. Au repos, elles gardent les ailes déployées.

le Zegemeer

La carpe

La *carpe* vit naturellement en Europe de l'Est et en Asie. On la trouve dans des eaux mi-stagnantes riches en nourriture. Elle se nourrit de divers matériaux végétaux et de larves d'insectes, escargots et vers qui évoluent au sol. La carpe peut atteindre un mètre de long et peser plus de vingt kilos. On la reconnaît aisément à sa bouche ornée de quatre barbillons et à sa longue nageoire dorsale. La carpe se reproduit en juin et juillet et pond ses oeufs dans des eaux peu profondes entre les plantes. Une seule carpe peut pondre plus d'un million d'oeufs! Les alevins apparaissent déjà au bout de quelques jours. Étant donné que beaucoup d'alevins sont dévorés par d'autres poissons, seul un nombre restreint survit. Au bout de

carpe

cinq ans, la carpe est adulte.
Entre-temps, la carpe sauvage des origines a donné lieu à la culture de diverses variétés, comme la *carpe miroir*, aux grandes écailles.

tortues de Floride

Les tortues de Floride sont des gloutons

Jadis quand l'on pouvait acheter des tortues marines: de menues tortues aux taches rouge orange. Il s'agissait de *tortues de Floride* importées d'Amérique Latine. Si une de ces tortues survivait, elle se transformait en un animal relativement grand qui nécessitait une portion alimentaire quotidienne considérable, qui se sentait très à l'étroit et s'avérait très vorace. Plus d'un doigt y est passé! Le propriétaire s'en débarrassait et la larguait dans un étang communal. D'où la présence de tortues marines dans les étangs où elles font bronzette. Mais elles ne sont pas si pacifiques. En présence d'un grand nombre de ces tortues, le nombre de poissons baisse très fort.

Comment constater le botulisme?

Le botulisme est une intoxication alimentaire causée par un bacille. Cette maladie frappe les eaux peu profondes par temps chaud. Le bacille botulique se reproduit très vite et se nourrit de matériaux végétaux en décomposition qu'il trouve dans l'eau. Il sécrète des substances toxiques. Quand les canards pêchent des plantes aquatiques et autres aliments qu'ils trouvent au sol, ils ingurgitent aussi les substances toxiques. Ces dernières ont un effet très nuisible sur le système nerveux. Dans un premier temps, elles affectent les muscles, de sorte que les oiseaux ont du mal à 'décoller' et à 'atterrir'. Ensuite, leurs pattes et leurs ailes s'affaiblissent, tant et si bien qu'ils ne peuvent plus voler, marcher ou nager. Et finalement, ils sont si faibles qu'ils s'effondrent et meurent.
Un conseil en or pour le promeneur: ne touchez jamais un animal malade ou mort avertissez plutôt la police ou les pompiers.

Les parcs

Les animaux

Beaucoup d'oiseaux qui vivent dans les bois, parcs et jardins dépendent des arbres et arbustes pour leur nourriture. Tandis que d'autres oiseaux vivent d'insectes, ceux-ci mangent boutons, fruits et graines. Ils se servent aussi des arbres comme d'une aire de repos. Certains oiseaux ont même leur arbre de prédilection. Ils y nidifient dans des cavités naturelles ou construisent leur nid dans la cime ou dans un embranchement. Les rapaces aiment les arbres élancés d'où ils peuvent observer leurs proies. Par ailleurs, pour les mâles, les arbres constituent une sorte de podium d'où ils entonnent leur chant d'amour.

Le pivert a un bonnet rouge

Le *pivert* ou *pic-vert* a le bec en forme de ciseau, de puissants orteils, une longue langue visqueuse et une courte queue raide. Cette dernière lui sert d'appui pour escalader les troncs d'arbre.
Il mange des insectes et des larves, qu'il chasse hors du bois et de l'écorce des arbres à l'aide de son tambourinage. Le pivert n'utilise son bec que dans du bois doux et dans le gazon, en quête de fourmis.

L'Hypolaïs ictérine, imitateur

L'*Hypolaïs ictérine* est un champion dans

pivert

l'imitation du chant d'autres oiseaux. En imitant les chants des étourneaux, merles, mésanges et pinsons, il se moque pour ainsi dire de ses congénères. Et pourtant, il possède un fort joli chant composé de notes sifflantes, aiguës et mélodieuses. On distingue environ trois motifs, dont un 'dadaouit, dadaouit, dadaouit' très frappant.
Son nid est très joli. Mari et femme construisent cette oeuvre d'art ensemble. Ils tissent les branches des arbustes et arbres auxquels ils fixent le nid. Ensuite, ils couvrent les parois de mousse, herbes sèches, peluches, morceaux d'écorce et fils d'araignée. À l'intérieur, l'ictérine parachève le nid d'un petit bocal de poils et de plumes

Hypolaïs ictérine

Le roitelet huppé, un joyau

Il s'agit du plus petit oiseau d'Europe. Il pèse à peine cinq grammes et ne mesure que neuf centimètres de la tête à la queue.
Les rayures noires au sommet de sa tête avec la tache jaune au centre font qu'il ne passe pas inaperçu. En effet, pendant la parade, au début de la saison de reproduction, quand le mâle fait la cour à la femelle, il se pavane alors avec sa huppe colorée pour attirer l'attention d'une femelle. Et ça marche!
Le cri du *roitelet huppé* est très particulier: une succession de tons stridents. Son chant est ténu et très perçant. Il

Mulot sylvestre

hérisson

ramier

domine même le bruissement du vent dans les arbres.

Le roitelet huppé se nourrit essentiellement d'insectes, araignées et oeufs d'araignée. En quête de nourriture, il vole de branche en branche et grimpe parfois sens dessus dessous le long des rameaux.

Ramiers et colombins

Les pigeons sont les seuls oiseaux capables de sucer de l'eau par leur bec et donc de boire véritablement. Les autres se contentent de ramasser l'eau. Ensuite, ils doivent renverser la tête afin que l'eau puisse couler dans leur oesophage.

Diverses espèces de pigeons, comme le *ramier* et le *colombin*, sont de véritables oiseaux des bois.

Le *ramier* est notre plus grand pigeon. Vu de haut, dans les airs, on pourrait croire à un rapace. Mais dès qu'il approche, la tache blanche dans le cou et la rayure blanche des ailes indiquent qu'il s'agit d'un ramier. Son cri aussi est très caractéristique. Il roucoule doucement et émet souvent un 'coucoucou, coucou, cou' répétitif. Avec un peu d'imagination, on l'entend crier ' coucou c'est nous, coucou c'est nous...'

Le *colombin* est plus petit que le ramier et il opte pour un nid dans la cavité d'un arbre au lieu d'un nid de branches à ciel ouvert.

Le hérisson

Le *hérisson* est un insectivore qui parcourt les sentiers de son domaine de nuit. Il a l'ouïe fine et son nez éternellement mouillé cache un odorat très développé. Il est extrêmement véloce et sait même nager.

Bien que le hérisson possède des piquants, il n'appartient pas à la famille des porcs-épics. En effet, ce grand rongeur aux longs piquants noirs et blancs vit dans les tropiques.

À la fin de l'été, le hérisson se retire dans un nid de feuilles, dissimulé dans les fourrés. Lors de la période d'hibernation, son pouls et sa respiration s'arrêtent presque totalement et la température de son corps baisse considérablement. Il faut attendre le début du printemps, quand son corps se réchauffe lentement, pour le revoir en action.

> **Qu'en est-il du lait de pigeon ?**
> *Ce n'est pas un mythe, le lait de pigeon existe! Une glande située dans la gorge du pigeon sécrète une pâte riche en protéines dont il nourrit ses jeunes: le lait de pigeon. À l'aide de leur large bec en forme de cuillère, les jeunes saisissent la pâte dans la gorge de leurs parents.*

Les jardins

pâquerette

bouton-d'or

pissenlit

Les jardins sont comme des îlots de verdure dans la zone urbaine. Pourvu que l'on n'abuse pas d'herbicides et autres pesticides et que les vies végétale et animale aient toutes leurs chances de se développer, un très grand nombre d'espèces cohabitent sur un espace très limité.

Diverses plantes à fleurs survivent sur les pelouses régulièrement tondues en adaptant leur processus de croissance. Elles forment une rosette, une couronne de feuilles autour de la tige, à même le sol. De là poussent continuellement de nouvelles tiges. Ainsi, elles remplacent rapidement les tiges tondues.

Les végétaux

Les boutons-d'or colorent l'herbe

Les *boutons-d'or* doivent leur nom à leurs fleurs dorées. Elles forment un joli contraste avec le vert de l'herbe.

Les boutons-d'or comprennent un grand nombre d'espèces, mais toutes présentent une rosette: des petites feuilles ornent la tige.

Les jardins abritent souvent des *boutons-d'or grimpants*. On les appelle ainsi car ils forment des pousses épigées, c'est-à-dire à la surface du sol, d'où croissent de nouvelles plantes à intervalles réguliers. La plupart des boutons-d'or sont vénéneux. Raison pour laquelle les vaches et moutons n'y touchent pas.

La pâquerette

La *pâquerette* et la plus belle et plus fréquente plante des pelouses. Sa floraison s'étend sur la quasi-totalité de l'année, de février à novembre. Les fleurs blanches au coeur jaune tournent avec le soleil et se ferment la nuit et par temps de pluie. En fait, le coeur se compose d'une multitude de fleurs tubulaires. Quant à la couronne blanche, elle se compose de fleurs ligulées, c'est-à-dire en forme de languettes, blanches ou rosées. Une pâquerette se compose donc d'une multitude de fleurs tubulaires et ligulées.

Le pissenlit: un mets très apprécié des animaux

Le *pissenlit*, de *pisser*, *en* et *lit*, par allusion à ses vertus diurétiques, ou *dent-de-lion*, à cause des feuilles dentées, est, lui aussi, très fréquent. Et lui aussi présente une couronne de feuilles au sommet de la longue tige pivotante. Les animaux en raffolent: les pédoncules sont chauves et creux, et contiennent du lait végétal. En regardant de près un pissenlit en fleur, vous verrez

splendide jardin, havre de paix

que la fleur se constitue en fait de nombreuses petites fleurs. Au centre, se trouvent les fleurs tubulaires et autour, les fleurs ligulées.

Au terme de la floraison, les pissenlits se transforment en petites boules duveteuses argentées. À l'emplacement de chaque fleur s'est développée une graine au bout d'une longue et fine tige, surmontée d'une petite couronne pelucheuse. Cette couronne fait office de parachute. Quand les graines sont mûres, elles se détachent facilement et se dispersent dans les airs. Par vent fort, elles peuvent monter très haut et parcourir des centaines de kilomètres.

Une prairie de fleurs pour le bourgmestre

De nos jours, les jardineries offrent des mélanges de graines destinées au prairies de fleurs. Ils contiennent des graines de dizaines de plantes aborigènes. Ainsi, vous pouvez transformer une pelouse plutôt fade ou un simple talus en un magnifique tapis de coquelicots, bleuets, trèfles, herbes des champs... En outre, toutes ces fleurs constituent à leur tour une table joliment dressée pour les papillons.

Depuis des années, les champs qui longent l'allée menant à la propriété du bourgmestre Lippens sont de magnifiques prairies de fleurs.

Les animaux

La passionnante vie souterraine des taupes

Les *taupes* se nourrissent de vers de terre, d'insectes et de larves. Elles mènent une vie souterraine dans un complexe réseau de galeries qu'elles ont elles-mêmes forées dans un sol ni trop sec ni trop humide, ni trop chaud ni trop froid. En vérité, les taupes creusent à la poursuite de leur nourriture. Et vu que les faits et gestes des vers de terre, larves et insectes dépendent de la température et du taux d'humidité du sol, la vie des taupes est régie par la météo.

Quand elle creuse, la taupe libère la terre à l'aide de ses pattes avant qui ressemblent un peu à des mains. Au moyen de ces 'pelleteuses', elle pousse une partie de la terre contre la paroi de la galerie, et repousse le reste à l'aide de ses pattes arrière. Et de temps en temps, elle remonte la terre meuble au-delà de la surface du sol. Ainsi naissent les taupinières.

Ses petits yeux, tels des têtes d'épingle, ne distinguent que la différence entre le jour et la nuit. En revanche, elle a l'ouïe fine et le toucher très développé. Son nez, ses pattes et sa queue sont couverts de poils tactiles qui captent les vibrations. Son nez ne lui permet pas uniquement de sentir, mais aussi de mesurer humidité, pression atmosphérique et température. Elle a aussi un formidable sens de l'orientation, de sorte qu'elle ne se perd jamais dans son 'métro'.

Les taupes vivent toutes seules et sont particulièrement asociales. Quand deux mâles se rencontrent, cela se solde d'ordinaire par un combat à la vie et à la mort. Même quand un mâle pénètre dans la galerie d'une femelle, il s'ensuit souvent un âpre combat avant que la femelle ne consente à s'accoupler. Un mois plus tard naissent deux à sept jeunes dans un nid d'herbe et de feuilles, sous une grande taupinière. À l'issue de deux mois, la femelle chasse les jeunes de son domaine. À eux de se trouver un nouveau domaine. Vu qu'ils n'ont pas encore assez de force pour creuser la terre dure, ils doivent d'abord chercher un endroit à ciel ouvert et sur un sol mou. Hélas, cette expédition coûte la vie à bon nombre de jeunes taupes qui périssent sous les roues d'une automobile.

Peu de gens apprécient la présence d'une taupinière dans leur jardin, mais en réalité, ces animaux sont fort utiles. Ils ne grignotent pas les racines, à moins qu'elles ne traversent un nouveau réseau de galeries. En outre, les taupes aèrent la terre et dévorent toute une série de 'gâcheurs' des potagers comme les escargots, taupes-grillons et campagnols.

taupe

mésange charbonnière

mésange bleue

Le moineau domestique est fidèle au nid

Notre *moineau domestique* vient probablement de loin... Il y a bien longtemps, les gens se déplaçaient à cheval de région en région. Le fumier de cheval contient beaucoup de graines non encore digérées et les moineaux en raffolent. De sorte qu'ils suivaient ces nomades. C'est ainsi qu'ils sont probablement arrivés chez nous en provenance de l'Orient.

Le moineau domestique est un habitué de la ville, des jardins et des fermes. Le mâle a le sommet de la tête gris, des joues blanches et une gorge noire. La femelle est gris brun et striée de noir.

Le moineau domestique est un oiseau non-migrateur et donc, il reste sur son lieu de naissance. Son nid n'a rien d'un chef-d'oeuvre. Un ensemble désordonné de paille, foin, papier...

Moineau friquet ou domestique?

Chez le *moineau friquet*, femelles et mâles semblent identiques à première vue. Chez le *moineau domestique* en revanche, la différence entre les sexes est claire.

Un friquet mâle se distingue du mâle domestique par les taches noires au niveau des oreilles et par l'anneau blanc autour du cou. Le friquet fréquente davantage la campagne et l'orée des bois. Il couve dans des arbres creux et use parfois de nichoirs.

Les mésanges

Les *mésanges* vivent surtout en groupes. En hiver, elles survolent nos régions en groupes mixtes. Ce sont de véritables acrobates quand il s'agit de se nourrir: elles pendent sens dessus dessous à des branches en quête d'insectes. La majorité des espèces nichent dans des cavités d'arbres et nichoirs. La *mésange charbonnière* et la *mésange bleue*, plus petite, figurent parmi les oiseaux des parcs et jardins les plus connus.

La mésange charbonnière, coiffe noire et raie noire

La mésange charbonnière se reconnaît à sa coiffe noire et à la raie noire sur sa gorge jaune.

Elle s'habitue facilement à un nichoir. Si vous l'accrochez à temps, il y a de fortes chances qu'une charbonnière y élira domicile!

Son chant est remarquable. Il s'assimile parfois au son poussif d'un vieux tram à vapeur. D'autres fois, il nous gratifie de 'titititi' plus élaborés.

La raie noire sur la gorge de la charbonnière est un signe extérieur de richesse. Il varie d'un oiseau à l'autre. Des recherches ont démontré qu'une raie plus large signifie plus d'autorité. Quand deux charbonnières atterrissent sur une planche à nourriture, la mésange à la raie la plus étroite mord la poussière et s'en va.

La mésange bleue, pas aussi tendre qu'elle n'y paraît!

La *mésange bleue* est plus petite que son homologue charbonnière. Sa coiffe est bleue, ses joues blanches et son dos verdâtre. Son chant est parfois qualifié de 'sourire argenté'.

À l'instar de la charbonnière, elle fait son nid dans des fentes, cavités et nichoirs. Elle pond de sept à quatorze oeufs, de tout petits oeufs blancs mouchetés de rouille. En hiver, elle délimite son aire en vue de la nouvelle saison de couvaison. Elle défend son domaine corps et âme, ou en l'occurrence, toutes griffes dehors et bec acéré! Elle n'épargne pas ses congénères. Parfois, elles mène le combat à terre, ce qui est tout de même assez inattendu de la part d'un petit oiseau aux dehors si tendres.

épervier volant entre les arbres

La fauvette des jardins occupe le top dix

Cet oiseau est quasiment de la taille du rouge-gorge, mais il est d'un brun gris fade et plutôt farouche, de sorte qu'on ne le croise guère dans le jardin. Il préfère se terrer dans les fourrés. Par contre, son chant, composé de longues strophes et de tons saccadés, ne trompe pas. Ce qui vaut à la *fauvette des jardins* d'occuper le top dix des oiseaux chanteurs.
À l'automne, elle nous quitte et rejoint son domaine d'hivernage en Afrique tropicale. Au printemps, elle effectue sa rentrée.

L'épervier, un chasseur rapide comme l'éclair

Ce petit rapace a des ailes arrondies et une longue queue. Sa morphologie lui permet de voler entre les arbres avec une rapidité et une adresse exemplaires. Ainsi, il poursuit de petits oiseaux qu'il finit par terrasser dans les fourrés.
L'*épervier* vit dans un nid de branches dans les bois et broussailles. Comme c'est le cas chez beaucoup de rapaces, la femelle est nettement plus grande que le mâle. Elle chasse aussi des proies plus importantes, comme des grives et pigeons, le mâle se contentant de moineaux et de mésanges. Des recherches ont démontré que les oiseaux chanteurs reconnaissent fort bien la silhouette des rapaces et qu'ils réagissent immédiatement. Les mésanges, par exemple, émettent un cri d'alerte très aigu.

épervier et sa proie, un bouvreuil

pinson

Ce qu'il faut savoir des oiseaux: les modes d'alimentation

Les oiseaux qui, par nature, résident chez nous en hiver se nourrissent normalement par eux-mêmes. Jusqu'en décembre, ils trouvent assez de fruits et graines, et nombre d'insectes, larves et vers croisent leur chemin. Vu que les journées sont courtes, ils ne disposent que de peu de temps pour emmagasiner assez de nourriture. Par temps extrême, en période de gel intense ou de lourdes chutes de neige, la nourriture n'est pas à portée de main et les oiseaux s'affaiblissent rapidement. Dans ce cas, c'est à vous de jouer. Voici quelques conseils:

Nourrissez-les au matin et avec modération. Après une nuit froide, un solide petit déjeuner leur fera du bien. Trop de restes attirent rats et souris.

Évitez beurre ou margarine, trop de graisses a un effet laxatif.

Ajoutez de l'eau quand il gèle. Ne joignez jamais de sel ou de sucre, changez l'eau régulièrement. Posez-y une gaze, afin que les oiseaux puissent boire et non pas se baigner.

Posez la nourriture sur une planchette ou sur un large espace au sol, hors d'atteinte des chats.

Les granivores [moineau domestique, pinson..., oiseaux à bec conique] aiment les graines, le maïs, les graines de tournesol, les graines de mauvaises herbes, le pain bis.

Les insectivores [rouge-gorge, troglodyte mignon..., oiseaux à bec effilé] sont férus de vers de farine, asticots, larves et flocons d'avoine crus.

Cessez de les nourrir fin février. Ainsi, ils reprendront l'habitude de se nourrir par eux-mêmes.

Les bois

Le Koningsbos est le plus connu de Knokke-Heist. Il se situe sur une dune qui fait partie des dunes de Blinckaert qui, au dix-septième siècle, formaient les dunes littorales de Knokke. Afin de protéger du sable les terres agricoles à l'entour, les dunes de sable fin furent fixées par un boisement dans la deuxième moitié du dix-neuvième siècle. Les cuvettes furent ornées de peupliers et les versants de pins maritimes. Durant la Seconde Guerre, les plus grands pins furent abattus et utilisés pour défendre le littoral. Petit à petit, toutes sortes de végétaux aborigènes s'installèrent dans le bois. Dans les années soixante-dix, une partie du bois fut transformée en bois communal. Il hérita du nom de Bois Royal à l'occasion du 25ème anniversaire de règne du roi Baudouin.

Les végétaux

Le pin maritime craint le froid

Le *pin maritime* est originaire de la Méditerranée. Il est sensible au gel, mais vu qu'il ne gèle pour ainsi dire jamais au littoral, il se sent bien chez nous. Les aiguilles gris vert sont groupées par deux et atteignent de 15 à 25 centimètres. Les cônes peuvent atteindre 15 centimètres. Cet arbre pousse fort vite et au bout de 30 à 40 ans, il livre du bois utilisé principalement dans l'industrie du papier. En France, on recueille la résine des pins maritimes pour la production de térébenthine.

Le faux platane

Le *faux platane* est une espèce qui résiste au vent et qui se plaît dans un sol sablonneux, pourvu qu'il ne soit pas trop sec. Cet arbre est réputé pour ses 'ailettes': lors de la maturation, les fruits se fendent en deux moitiés comprenant chacune une graine et une aile. Quand une graine ailée se détache et chute, elle tourne sur elle-même comme les rotors d'un hélicoptère. Moyennant un vent fort, elle peut couvrir de grandes distances. Le faux platane se disperse ainsi avec un franc succès. C'est pour cette raison qu'il est abondamment présent dans les bois de Knokke-Heist. On l'y trouve sous forme d'arbuste ou d'arbre. Il atteint 20 mètres au plus. Son bois est blanc brunâtre et présente souvent une magnifique structure. Les plus beaux morceaux sont retenus pour la fabrication de manches d'instruments à cordes.

Le chêne

Le *chêne* pousse partout en Europe, sauf dans le Grand Nord et l'Extrême Sud. Il ne garde ses feuilles que pendant le semestre d'été. Le *chêne sessile*, par contre, garde ses feuilles décolorées et desséchées pendant une bonne partie de l'hiver.
Le chêne atteint 25 mètres au plus et peut vivre près de 2000 ans. Son bois est brun clair et possède une belle structure. Il sert depuis des siècles à la construction de navires, meubles, escaliers, poutres...

pin maritime

érable faux platane

chêne

Les animaux

Le pic épeiche
Le plumage noir et blanc de ce pic est orné d'une tache rouge sur l'occiput, la partie postérieure de la tête, et son bas-ventre est rouge lui aussi. Communément, on l'appelle aussi *cul-rouge*. À l'aide de son bec puissant, il martèle le bois. Les vibrations et le bruit qu'il produit lui permettent de saisir insectes et larves nichés dans des fentes ou de petits trous. Son bec est extrêmement solide. Le squelette et les muscles de sa tête amortissent les chocs. Ainsi, le pic ne se brise jamais le bec et n'a jamais mal au crâne...

Le grimpereau ne pend jamais à l'envers
Le *grimpereau* ne vole pas très bien. Observez-le de près et vous verrez qu'il se hisse au sommet d'un tronc d'arbre en accomplissant de brèves saccades en spirale. Sa solide queue raide lui fait office d'appui. Ensuite, il regagne le sol en volant et s'attaque à un autre arbre. À l'aide de son long bec courbé en forme de pincette, il s'empare d'araignées, guêpes, coléoptères et autres insectes qu'il trouve dans les fentes de l'écorce.
D'habitude, les grimpereaux font leur nid dans un bout d'écorce détaché ou dans la fente d'un arbre. Quand les nuits sont froides, il leur arrive de se regrouper pour se réchauffer.

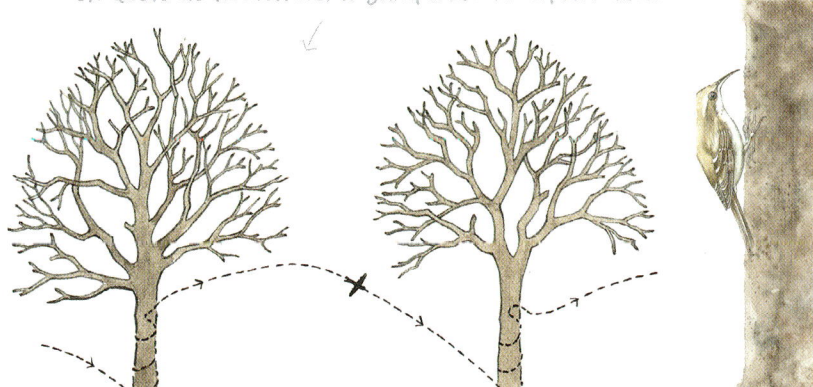
en quête de nourriture, le grimpereau se déplace ainsi

Le loriot
Si le *loriot* est d'aspect très frappant - le mâle a des plumes jaune vif - il ne se montre guère. Il préfère se cacher au sommet des arbres feuillus. Seul son chant très bruyant trahit sa présence.

Le pouillot véloce
Peu de gens ont aperçu le *pouillot véloce*, mais beaucoup l'ont entendu. En effet, son chant est inoubliable.
Le pouillot véloce est un petit oiseau chanteur vert olive et très agité. C'est un migrateur, un des premiers à revenir au commencement du printemps. Il fait son nid à même le sol ou juste au-dessus, bien dissimulé dans les fourrés.

Le geai alerte l'ensemble du bois
Avec son corps roussâtre et sa jolie tache bleu clair au niveau de l'aile, le *geai* est le plus bigarré parmi les corvidés, famille comprenant aussi les corbeaux et les pies. Quand on l'effraie, cet oiseau dresse les plumes au sommet de sa tête comme une huppe et se met à criailler comme un possédé. Raison pour laquelle il n'est pas apprécié des chasseurs. Son cri rauque alerte immédiatement les autres habitants du bois de la présence d'un intrus. Il se sent bien dans les bois et jardins peuplés d'arbres adultes.

Le geai a la réputation d'un brigand qui s'empare des oeufs et des jeunes d'oiseaux chanteurs. Mais des recherches nous ont appris qu'il se nourrit principalement de glands. À l'automne, il emmagasine des milliers de glands qu'il retrouve de manière infaillible en hiver. Par contre, pendant la période de nutrition des jeunes, en mai et juin, il passe à un mode alimentaire animal. Il se nourrit alors d'oeufs, jeunes oiseaux et souris, coléoptères, mouches, papillons, punaises, araignées, chrysalides, larves... La nourriture animale contient beaucoup de protéines indispensables à la croissance des jeunes.

pic épeiche

pouillot véloce

geai

Le golf

polygale

Le terrain de golf fut créé il y a plus de cent ans sur de vieilles dunes couvertes de végétation. Buissons, arbres et petits pâturages se succèdent dans le paysage en pente et constituent d'importants points d'orientation pour le jeu de golf. L'entretien méticuleux du terrain a fait que différents types de végétation, dont certaines plantes plutôt rares, s'y sont fixés. Toutes ces plantes servent à leur tour de nourriture, de protection et de nid pour les animaux. La gestion des paysages naturels aspire aussi à une grande diversité au niveau de la structure du terrain, des plantes et des animaux. Ainsi, golf et gestion des paysages vont main dans la main.

Le terrain du Royal Zoute Golf Club à Knokke, considéré comme un des plus beaux au monde, constitue un bel exemple de cette interaction. Plus ou moins la moitié de sa superficie se compose de 'zones hors jeu' pour le golfeur. Ces zones comprennent bois, fourrés, dunes de sable fin, pâturages secs et vallées de dunes humides.

Les végétaux

La polygale vulgaire se décline en plusieurs couleurs

La *polygale vulgaire* pousse dans les dunes, dans des clairières, le long de chemins de sable et sur des pâturages calcaires. Elle fleurit au début de l'été et a des fleurs aux formes très spéciales. Deux des cinq sépales - les pièces du calice - sont très grands et ont la même couleur que les pétales en forme d'ailes. La couleur des fleurs varie, du presque blanc au rose pourpre en passant par l'indigo, et ce parfois au même endroit. La pollinisation s'effectue en général par insectes interposés. Quelquefois, il est question d'autofécondation.

Le thym commun sent merveilleusement bon

Le *thym commun* peut atteindre jusqu'à 60 centimètres de haut. Il pousse principalement dans les dunes herbeuses. Le nom 'thym' est dérivé du grec 'thymos' qui signifie 'parfum'. En effet, toutes les espèces de thym ont une forte senteur. Il est utilisé en cuisine depuis la nuit des temps, et comme 'herbe de femme'. En effet, le thym stimulerait les menstruations et en atténuerait les douleurs. On l'administre aussi aux femmes en train d'accoucher.
Le thym pousse de juin à octobre. Les fleurs lilas attirent beaucoup d'abeilles.

thym

terrain de golf

Le panicaut des dunes

Le *panicaut des dunes* est une solide plante aux feuilles épineuses. Il peut atteindre jusqu'à 90 centimètres de haut et fleurit de juillet à septembre. D'habitude, il pousse sur des dunes sableuses riches en calcaire, sur le cordon littoral. Mais parfois, on le trouve dans des dunes plus à l'intérieur du pays, comme sur le terrain de golf. Le panicaut est une ombellifère, comme le persil sauvage. La petite couche de cire qui le protège de la déshydratation donne leur couleur bleu turquoise aux feuilles.

Les animaux

La bergeronnette grise ou hoche-queue

De tous les oiseaux, la *bergeronnette grise* a le plus d'appellations selon les régions. On parle ainsi du *hoche-queue* et de la *lavandière*.
Son plumage est un mélange de blanc, de gris et de noir. Elle est longue et svelte et possède une longue queue qu'elle remue en sautillant, d'où le nom de *hoche-queue*. Autrefois, quand le paysan labourait son champ avec une charrue et un cheval, la bergeronnette était une fidèle compagne qui suivait le sillon en quête d'insectes et de vers dans la terre fraîchement retournée. Aujourd'hui, on la voit sur les gazons ou dans des prés en compagnie de vaches ou de chevaux, qui s'agite à la recherche d'insectes.

La fauvette babillarde, un chanteur extraordinaire

La *fauvette babillarde* est toute fine et encore plus petite que la mésange charbonnière. Son dos est gris brun, ses ailes brun foncé et sa gorge blanche.
Elle séjourne principalement dans une végétation dense où elle traque chenilles, mites, fourmis, pucerons et araignées. Son chant est très spécial et se divise en deux parties: une entrée très douce suivie d'un chant de crécelle très rapide qui fait 'tsitsitsitsi'.
La fauvette babillarde aime les belles haies à l'ancienne, qui sont aussi hautes qu'un arbuste et épaisses comme un mur fortifié. C'est l'idéal pour se cacher. Dans un nid de brindilles, d'herbes et de cheveux, la femelle pond de 4 à 6 oeufs.

La tourterelle turque: première apparition en Flandre dans les bosquets du Zwin!

Au vingtième siècle, la *tourterelle turque* s'est répandue sur l'ensemble du continent à partir de l'Europe du Sud-Est et en 1952, on la signala pour la première fois en Flandre, dans les bosquets du Zwin. Depuis, ce beau et élégant pigeon est un oiseau très familier de nos régions.

La linotte mélodieuse

La *linotte mélodieuse* est un petit pinson qui fréquente surtout les bosquets et fourrés des dunes et du Zwin. La mâle a le front et la poitrine rouges. Mâle et femelle ont la queue fourchue. Dans les prés-salés du Zwin, à l'arrière-saison, les linottes mélodieuses se nourrissent de graines de statice. Elles se posent sur un arbuste ou une clôture et engagent une conversation musicale entre elles.
La femelle construit le nid près du sol dans une végétation dense. Il se compose de chaumes, tiges, racines, fibres végétales, laine et cheveux. Dès que les petits quittent le nid, la femelle rebâtit un nouveau nid ailleurs. À ce qu'il paraît, la linotte mélodieuse serait écervelée, d'où l'expression 'tête de linotte'.

bergeronnette

tourterelle turque

linotte mélodieuse

Les polders

L'agriculture a évolué

L'agriculture occupe une place importante à Knokke-Heist. Soixante-cinq pourcent du territoire se compose de fermes, champs et prés. Mais les temps ont changé, et les entreprises agricoles aussi. Autrefois, l'importance d'une entreprise s'exprimait en nombre de chevaux. Aujourd'hui, elle se traduit en nombre d'hectares. La cour intérieure n'était pas revêtue. De nos jours, elle est asphaltée. La récolte durait un mois. Actuellement, elle prend une semaine... Non seulement les machines agricoles deviennent de plus en plus grandes, les fermes s'étendent aussi de plus en plus. Elles sont moins nombreuses mais beaucoup plus étendues. Ces dernières décennies, l'exode rural a aussi touché Knokke-Heist et beaucoup de paysans ont cessé leur exploitation. Leurs terres ont été reprises par les agriculteurs actuels.

Les polders: une victoire sur la mer

Les polders sont des terres que l'homme a gagnées sur la mer il y a bien longtemps en endiguant les prés-salés. Le sol se compose principalement de petites particules d'argile. Vu que ce type de sol retient beaucoup de matières alimentaires et d'eau, il en est d'autant plus fertile. Mais l'argile fait que le sol est lourd et les végétaux y poussent plus lentement. Aussi, les polders ne conviennent pas à toutes les cultures. Ils ne se prêtent par exemple pas aux légumes car le sol visqueux et argileux les souille. Les polders font généralement office de terre arable pour, entre autres, le blé d'hiver et les pommes de terre.

Sur les sols sableux de Knokke-Heist, les paysans font paître les animaux. Parfois, ils servent aussi de prairie de fauche. Et sitôt fertilisés, ils font office de terre horticole pour la culture de légumes comme les pois.

Champs et prés

lin fibreux

Les végétaux

Le blé

Quand le *blé* est semé à l'automne, il hiverne comme une petite plante. Au printemps, le chaume pousse pleinement: une racine produit plusieurs chaumes. En mai naissent les épis, qui fleurissent au bout de quelques semaines. Le vent disperse les graines de pollen des fleurs mâles dans les champs, où elles fécondent les fleurs femelles. Puis a lieu la fécondation et des graines de blé se forment progressivement. Quand le blé est mûr au mois d'août, une gigantesque machine, la moissonneuse-batteuse, le récolte. Cette machine moissonne le blé, le bat sépare les grains des épis, stocke les graines dans un réservoir et traite la paille. Le blé d'hiver à Knokke-Heist est doux et très riche en farine, et est surtout utilisé comme aliment pour le bétail.

L'orge

Ce grain se cultive pour nourrir les bovins et porcins. Il se distingue très facilement du blé. L'*orge* a de longues, fines et élégantes aiguilles qui dépassent de l'épi, tandis que les aiguilles du blé sont fort courtes.

Le lin fibreux

Le *lin fibreux* est semé en mars. En juin, les nombreuses petites fleurs fragiles parent les champs de lin de bleu. Début-août, le lin est moissonné et laissé à sécher pendant quelques semaines. Le lin fibreux entre dans la fabrication de feuilles de lin et de panneaux de fibres de lin. La graine ou linette fait office de semence ou de nourriture pour le bétail. À moins que l'on n'en tire de l'huile de lin.

orge

L'oignon

L'*oignon* appartient à la famille des liliacées. C'est une très vieille plante qui nous vient d'Iran et qui était déjà connue du temps de l'Égypte Antique. Les oignons poussent dans les polders lourds et donnent le jour à des plantes bulbeuses d'excellente qualité.
Les oignons sont semés de la mi-août à la mi-septembre. Les oignons cultivés à Knokke-Heist sont principalement exportés vers les Pays-Bas.

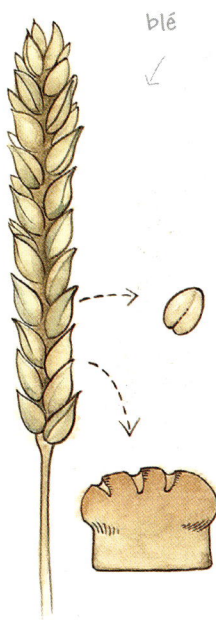
blé

champ de blé

betteraves après la récolte

La betterave sucrière

Avec le blé d'hiver, les betteraves sucrière et fourragère couvrent un tiers de la superficie des terres arables de Knokke-Heist. D'un point de vue économique, la betterave sucrière est la plus importante. Elles sont semées fin mars et déracinées dès septembre. Puis elles sont acheminées vers la sucrerie, où on les coupe en morceaux et les réduit en pulpe. Cette pulpe est utilisée comme nourriture pour le bétail. Le jus est traité, raffiné et blanchi pour en faire du sucre.

La betterave sucrière représente quarante pour cent de la production de sucre dans le monde.

Les pommes de terre

La *pomme de terre* est originaire des Andes. Les tubercules servent de nourriture aux Indiens depuis des milliers d'années. À l'issue de la découverte de l'Amérique, la pomme de terre a fait son apparition en Europe. Au début, on s'en servait uniquement comme d'une plante ornementale et médicinale. Plus tard, elle servit aussi à la consommation, en raison de sa forte teneur en vitamine C. Un cinquième des terres cultivables de Knokke-Heist est attribué à la culture de pommes de terre. La majorité des pommes de terre cultivées chez nous va aux Pays-Bas, où on en fait des chips. Une autre partie sert aux pommes frites ou à la cuisson.

Des vergers pleins de cerises

À Knokke-Heist, vous verrez beaucoup de vergers plantés de cerisiers. Au printemps, les arbres se parent de splendides fleurs. Si le temps est doux et sec à cette période de l'année, abeilles et bourdons se chargent de la fécondation et les cultivateurs peuvent s'attendre à une belle récolte. Mais certaines années, la période de floraison coïncide avec une période de pluies intenses, à moins que quelques jours de gel intense ne causent de gros ravages. Quelques semaines après l'éclosion des fleurs apparaissent les cerises. Au début, elle sont toutes petites et d'un vert fade. Mais en été, elles sont rouges voire bordeaux et prêtes à la récolte.

betterave sucrière

verger

Les animaux

L'hirondelle rustique

L'*hirondelle rustique* est la variété la plus répandue dans notre pays. Elle est réputée pour sa migration annuelle. Elle passe les mois d'été chez nous, y élève ses petits, et dès le mois d'août, elle part hiverner en Afrique. La distance séparant la Belgique de l'Afrique du Sud est d'environ 18.000 kilomètres! Qu'un si petit oiseau arrive à franchir cette distance défie l'imagination. Les premières hirondelles regagnent leur aire de couvaison en mars, mais la plupart ne reviennent qu'en avril. Durant cette randonnée, elles bravent de grands dangers. De mauvaises conditions climatiques, comme d'intenses pluies ou des tempêtes de sable peuvent leur être fatales. En traversant la Méditerranée, elles doivent affronter des rapaces. En Espagne ou en France, elles tombent sur les chasseurs, embusqués sur leur aire de repos ou lorsqu'elles traversent les cols en fortes concentrations.

Les hirondelles rustiques nichent de préférence dans un environnement rural avec des étables et des fermes. La présence de vaches et de chevaux est très importante. Ces animaux attirent toutes sortes d'insectes volants que les hirondelles chassent avec une adresse incroyable. L'extension agricole, le verrouillage des étables et les normes d'hygiène plus strictes sont des raisons probables de la régression du nombre d'hirondelles rustiques. La commune de Knokke-Heist mène une campagne destinée à maintenir le nombre de nids d'hirondelles habités. En 2003, vingt-cinq petites et grandes colonies d'hirondelles bénéficiaient déjà de ce soutien.

L'étourneau

Les *étourneaux* sont des oiseaux sociaux, bavards et vivaces qui se réunissent en grands groupes en automne et en hiver pour former d'énormes 'nuages d'étourneaux'.

Ces oiseaux peuvent s'avérer très utiles car ils mangent beaucoup d'insectes, qui menacent champs et forêts. Mais ils causent aussi de graves dégâts auprès des fruticulteurs, car ils adorent les fruits.

parcours accompli par l'hirondelle rustique

Le faisan de Colchide

C'est l'homme qui a importé le *faisan de Colchide* dans nos contrées. À l'origine, il vient d'Asie.

Il y a de grandes différences entre le mâle et la femelle. Le mâle se remarque surtout à ses couleurs voyantes et sa longue queue. La femelle par contre, a un plumage mordoré très ordinaire et une queue plus courte. Cet habit de camouflage est vital pour elle, qui couve ses oeufs à même le sol.

Quand un nid de faisans est menacé, la poule fait semblant d'être blessée et détourne ainsi l'ennemi. En effet, elle s'éloigne du nid avec une aile à la traîne. Elle fait de même quand les jeunes sont encore petits. Ils quittent alors tout doucement le nid et se dissimulent discrètement dans les fourrés, où ils restent immobiles. Leur couleur se distingue à peine de l'arrière-plan.

hirondelle rustique nourrissant sa progéniture

La perdrix grise

La *perdrix grise* était à sa place dans la zone agricole de jadis, à petite échelle, avec sa mosaïque de prés, champs et haies. Dans les champs de blé actuels, elle ne se sent plus à l'aise. Elle se déplace nerveusement à travers champs, l'oeil alerte, et s'arrête régulièrement pour lever la tête et repérer d'éventuels assaillants. Au moindre danger, elle se presse contre le sol ou s'encourt dare-dare. Les perdrix s'enfuient rarement en volant.

Les différences entre mâle et femelle sont minimes. Le brun à rayures transversales donne le ton. Les perdrix font leur nid à même le sol, bien dissimulé dans les fourrés. Elles pondent de dix à vingt oeufs. En dehors de la période de couvaison, elles évoluent en petits groupes.

L'effraie des clochers

L'*effraie des clochers* mesure environ 30 centimètres et possède une envergure d'à peu près 1 mètre. La face supérieure de son plumage varie du mordoré au gris ardoise moucheté de blanc. La face inférieure varie du rouille au blanc. L'effraie des clochers a une tête blanche en forme de coeur et des yeux foncés qui regardent droit devant. Grâce à son ouïe parfaite, à sa vue exceptionnelle et à son vol silencieux, l'effraie des clochers est un chasseur nocturne exemplaire. Elle se nourrit de petites proies: musaraignes, mulots sylvestres, campagnols, et de temps en temps un oiseau.

Autrefois, l'effraie des clochers était très présente dans le paysage agricole à petite échelle avec ses rangées de saules têtards, talus, prés et champs. Mais l'extension, les nouvelles machines agricoles et la fermeture des clochers et autres immeubles destinés à chasser les pigeons redevenus sauvages font que l'effraie des clochers ne se porte plus très bien. Le trafic est lui aussi responsable. En effet, les effraies de clocher aiment chasser le long des accotements riches en souris et elles se font souvent happer quand elles survolent la chaussée à basse altitude.

Le 'comité de protection des effraies de clocher' entend protéger les dernières aires de couvaison et en créer de nouvelles en installant des nichoirs. À Knokke-Heist couvent quelque quatre couples d'effraies de clocher.

coq faisan

perdrix grise

poule faisane

effraie des clochers

barge à queue noire

busard des roseaux

alouette des champs

buse

La barge à queue noire, est un véritable oiseau des prairies

La *barge à queue noire* est sans conteste un des plus grands et des plus beaux échassiers d'Europe. Les échassiers ont de longues et fines pattes qui leur permettent de marcher dans l'eau. Leurs becs varient de fort courts à fort longs et ils sont tantôt droits, tantôt courbés vers le bas, tantôt courbés vers le haut. La barge à queue noire aime faire le guet sur des piquets. Elle couve de préférence dans les prairies humides. Mais cela la rend vulnérable car elle n'est jamais à l'abri d'une inondation soudaine.

Cet oiseau présente une étrange parade. Le mâle vole jusqu'à 50 mètres de haut, accomplit des cercles au-dessus de son aire de nidification, la queue dressée et à l'aide de lents battements d'ailes, et pousse des cris très puissants. Quand il atterrit, il maintient ses ailes déployées et sa queue dressée, de sorte que le dessin blanc soit bien visible.

Le busard des roseaux insiste sur la répartition des tâches

Le busard vole généralement au ras du sol. Il a de longues ailes étroites et une longue queue. Il est presque aussi grand que la buse. Le plus grand busard est le *busard des roseaux*. Le mâle a des ailes grises, un corps rouge brun et des pointes d'aile noires. La femelle est brun foncé et a la tête jaune clair.

Le busard des roseaux chasse surtout des souris, des jeunes d'oiseaux aquatiques et autres petites proies. La vie de couple est fort bien réglée. La femelle construit le nid avec ou sans assistance du mâle. Mais du reste, chacun a sa tâche. Ainsi, la femelle couve les oeufs et nourrit les petits pendant que le mâle cherche la nourriture. Cette répartition des tâches est si stricte qu'en cas de décès de la femelle, les jeunes ne reçoivent plus à manger et meurent. Certes, le mâle cherche la nourriture, mais il ne la réduit pas et ne la partage pas entre les petits.

L'alouette des champs chante à haute altitude

L'*alouette des champs* est l'alouette type des champs, des prairies et des prés-salés. Quand elle vole, l'on remarque surtout sa petite queue angulaire et le bord blanc de ses ailes. Côté taille, elle se situe entre l'étourneau et la grive.

Le nombre d'alouettes des champs a fortement diminué ces dernières années. Mais au Zwin, elle tient heureusement le coup.

L'alouette des champs a un comportement très curieux. Elle s'élève haut dans les airs où elle chante à pleine gorge, en 'priant', littéralement suspendue dans les airs. C'est sa façon de délimiter son terrain. Parfois, elle vole si haut qu'on l'entend bien avant de la repérer. Puis vient un spectacle auquel vous avez sûrement déjà assisté. Après avoir chanté pendant un moment, l'alouette des champs se tait soudain et se laisse tomber comme une pierre. Vous pensez qu'elle va s'écraser, mais non, elle freine subitement au ras du sol et atterrit doucement.

La buse est un planeur de premier ordre

La *buse* fait parfois le guet pendant des heures, perchée sur un arbre ou un poteau. Sitôt qu'elle a repéré une proie, elle glisse vers le bas et tente de la saisir en un bref mouvement d'attaque. Ses mets favoris sont les souris, mais elle apprécie aussi oiseaux, petits mammifères, grenouilles et même des asticots.

Elle fréquente surtout l'abord des bois, les prairies et les champs. Quand le soleil est au rendez-vous, elle survole

les cigognes cherchent leur nourriture au pas

l'envergure de la cigogne est d'environ 2 mètres

et examine son domaine en surfant, les ailes grandes ouvertes, sur l'air chaud qui monte. Lors de ce vol plané, elle crie constamment 'pi-you', un cri qui rappelle quelque peu celui de la mouette.

Les couleurs de la buse varient, surtout la face inférieure, du presque blanc au moucheté brun et blanc.

La cigogne aime aussi planer

La *cigogne* est une apparition très remarquée dans le paysage des polders. On la voit souvent en petits groupes en quête de nourriture dans les pâturages. Elles foulent crânement l'herbe, tout en ne perdant pas de vue tout ce qui bouge ou saute. En un éclair, elles attaquent et attrapent toutes sortes de proies, comme des vers de terre, souris, coléoptères et sauterelles. Parfois, on les aperçoit aussi marchant dans les sillons d'un paysan en train de labourer afin de saisir les petits animaux libérés de la terre fraîchement retournée.

Par temps ensoleillé, elles usent d'une ascendance thermique, comme les planeurs. Grâce au soleil, le sol se réchauffe et par la même occasion aussi la couche d'air juste au-dessus. L'air chaud est léger et monte. Les cigognes utilisent ces couches ascendantes afin de se laisser emporter à l'aide de leurs longues et larges ailes. Afin de rester dans la 'bulle d'air', elles accomplissent des cercles. De cette manière, elles peuvent atteindre jusqu'à 800 mètres. Puis elles quittent la bulle et entament la descente en planant, jusqu'à ce qu'elles rencontrent une autre couche d'air chaud. Elles peuvent ainsi parcourir des centaines de kilomètres sans se fatiguer.

Les cigognes que vous voyez à Knokke-Heist font partie d'une colonie en liberté au Zwin, lancée par le comte Léon Lippens dans les années soixante. Il existe une vingtaine de nids. La plupart sont construits au sommet des pins maritimes, mais il y en a aussi quelques-uns sur le toit et les cheminées de la villa royale.

Dès la fin février, les cigognes regagnent leurs nids. Elles construisent et restaurent à gauche et à droite et pondent quelque cinq oeufs fin mars. Au bout d'un mois, ils éclosent et deux mois plus tard, les jeunes entament leurs leçons de pilotage, de sorte qu'ils soient fin prêts à accompagner leurs parents à la mi-août.

la cigogne use des couches d'air ascendantes

bernache cravant

ouette d'Égypte

oie cendrée

Les oies ne sont pas bienvenues partout

Les polders de la côte est sont réputés pour les grands groupes d'oies qui y hivernent. Pour certaines espèces d'oies sauvages, les polders sont d'importance vitale. C'est pourquoi les oies y sont protégées. Elles se nourrissent de restes de pommes de terre et de betteraves qu'elles trouvent sur les champs. Mais elles mangent aussi du blé d'hiver. Et cela peut causer d'énormes dégâts, non seulement parce qu'elles mangent les jeunes pousses, mais aussi parce qu'elles piétinent beaucoup de plantes. Ces dernières tentent à chaque fois de se redresser, mais après avoir été mordues deux fois, elles ne résistent plus au gel.
En hiver, diverses espèces d'oies font aussi halte à Knokke-Heist dans les champs et prairies. Ces dernières années, l'on voit de plus en plus d'oies retournées à l'état sauvage qui, après s'être échappées de chez un éleveur privé, ont formé de petits groupes et se sont reproduits dans la nature. Il s'agit souvent d'espèces allochtones. Elles causent non seulement de graves dégâts aux jeunes pousses, mais menacent aussi d'autres espèces d'oiseaux autochtones par leur comportement dominateur et agressif.

À propos d'oies sauvages, d'oies redevenues sauvages et d'oies exotiques

L'on distingue trois groupes d'oies: les oies sauvages et aborigènes, les oies aborigènes redevenues sauvages et les oies allochtones redevenues sauvages, appelées aussi exotiques. Les oies redevenues sauvages sont des oiseaux d'élevage libérés volontairement ou involontairement et qui vivent librement. Généralement, elles restent dans un domaine donné.

L'oie des moissons

L'*oie des moissons* appartient au premier groupe. En automne, elle atterrit dans nos contrées depuis ses aires de couvaison aux abords de l'Océan Arctique. Pour l'*oie à bec court*, qui atteint notre pays depuis le Spitzberg, une île au nord de la Scandinavie, les polders de la côte est sont d'importance vitale. La quasi-totalité de la population - quarante mille oiseaux! - hiverne chez nous. L'oie des moissons ne nous visite qu'en petits groupes.

L'oie rieuse

L'*oie rieuse* est une autre espèce également originaire du Grand Nord. Près de trente mille exemplaires passent l'hiver dans nos polders. L'on reconnaît les adultes à la bande blanche à la base du bec et aux rayures noires sur la poitrine. En hiver, elles séjournent par milliers dans les étangs du Zwin, hors de portée des renards.

oie rieuse

oie des moissons

oie à bec court

↑ vol d'oies à bec court

L'oie cendrée

L'*oie cendrée* passe toute l'année dans nos polders. Elle est la descendante d'un groupe d'oies que le comte Léon Lippens a introduit au Zwin dans les années soixante. Elle s'est mêlée aux oies cendrées sauvages qui débarquent ici en hiver. Il s'agit donc d'une espèce aux exemplaires tantôt redevenus sauvages, tantôt sauvages et aborigènes.

La bernache nonnette

Autre exemple de cette espèce: la *bernache nonnette*. Lors d'hivers très rudes, cette espèce quitte son aire de couvaison à l'extrême nord de la Scandinavie et vient chez nous. D'habitude, elle hiverne sur les îles des Wadden ou tout au plus en Zélande. Mais un groupe de quelques centaines de bernaches redevenues sauvages atterrisse parfois en plein été dans les polders et au Zwin.

Les oies exotiques

La *bernache du Canada* cause un tout autre problème. Cette espèce exotique est très populaire auprès des amateurs d'oiseaux aquatiques. Vu que ces oiseaux s'échappaient parfois, l'on assiste, ces dernières années, à une expansion de cette espèce. Il en est de même pour l'*ouette d'Égypte*, l'*ouette de Magellan* d'Amérique latine et l'*oie à tête barrée* d'Inde.

En concertation avec les autorités flamandes, des protecteurs de la nature, paysans, chasseurs et municipalités cherchent des solutions pour endiguer le problème des oies retournées à l'état sauvage.

bernache nonnette

ouette de Magellan

bernache du Canada

vache et taureau blanc-bleu

vaches limousines

vache pie noir hollandaise

poule

Les bovins

Le bétail à Knokke-Heist figure parmi le meilleur au monde. L'on distingue trois races importantes.

Le *blanc-bleu belge* est une race tellement axée sur la production de viande qu'à la naissance, les veaux sont déjà trop lourds pour naître de façon normale. Ils sont mis au monde par césarienne.

Le *limousin* sert aussi à la production de viande, mais il est moins lourd et vêle donc plus aisément.

Finalement, il y a le *Holstein pie noir hollandais*, une race laitière.

Les bovins son nourris de fourrage, de blé d'hiver, d'orge, de maïs, de betteraves fourragères et de pulpe de betteraves.

Chevaux, porcs et moutons

Sur les prairies évoluent aussi des chevaux, généralement destinés à des manèges. Leur nourriture se constitue de fourrage, d'avoine et de betteraves fourragères. Contrairement aux communes avoisinantes, il y a peu de porcs à Knokke-Heist. On leur sert des pommes de terre cuites, du froment et des fourrages concentrés. En revanche, il y a beaucoup de moutons, plus particulièrement la variété issue du croisement entre le *Texel* et le *Bleu de Maine*. Ces moutons sont élevés pour leur viande et la demande ne cesse de s'accroître car la viande ovine est de plus en plus en vogue. En été, ils se nourrissent principalement de fourrages et en hiver, on leur sert du maïs et du foin.

moutons Texel X Bleu du Maine

Les volailles

Knokke-Heist ne produit que peu de poulets. Bien entendu, les gens en gardent beaucoup. Et ces dernières années, il a fallu clôturer les parquets destinés aux poulets, oiseaux aquatiques et autres volailles car les renards menacent de plus en plus la région.

Le renard prêche aux poules… aussi à Knokke-Heist

Les renards suivent l'évolution des mœurs. Et Knokke-Heist n'échappe pas à la règle. Ces dernières années, leur nombre s'accroît et ils se montrent de plus en plus audacieux. Parfois, on les voit même en plein jour, qui rôdent à proximité des habitations. Dans les domaines naturels où évoluent beaucoup d'oiseaux qui couvent près du sol, comme les échassiers, les canards et les mouettes au Zwin, les renards posent un grave problème. Des barrières naturelles, comme de profonds canaux, pourraient offrir une solution à terme.

Un an dans la vie du renard

En hiver, c'est la 'pariade', la période de reproduction: de nouveaux couples se forment sous une salve d'aboiements et de glapissements. Le renard suit la renarde pendant des semaines, jusqu'à ce qu'elle consente à s'accoupler.
Les renards creusent un trou ou utilisent une partie d'un terrier de lapin. Au début du printemps naissent les renardeaux. Le mâle assiste à l'éducation des petits et se charge de la nourriture pour la maisonnée.

Au bout de deux mois, les renardeaux partent en reconnaissance hors du trou. Lors de leurs petits jeux, ils apprennent toutes sortes de règles de conduite afin de pouvoir survivre par après. À la fin de l'automne, les parents chassent les jeunes. À eux de trouver un nouvel habitat.

renard

Le saule têtard

Qui vit dans et sur un saule têtard?

Le *saule têtard* pousse fort bien en des endroits très humides et il se cultive très facilement. Il suffit d'enfoncer une branche taillée dans le sol. On utilise par exemple ses branches pour réparer des clôtures. Raison pour laquelle ce saule est tronqué. Jusqu'au début du siècle dernier, les jeunes rameaux servaient de fourrage et on s'en sert toujours pour toutes sortes de travaux de tressage. Selon l'épaisseur du bois, il sert aussi à la fabrication de manches, de rames, de sabots et de bois à brûler. Mais les saules têtards livrent davantage que du bois. Ils protègent aussi du soleil et de la pluie, et leurs racines renforcent les bords des chaussées et les rebords des fossés. C'est pourquoi le saule têtard est un arbre très pratique et très utile. Et il a beaucoup à offrir à la nature. En coupant régulièrement les branches, tous les trois ans par exemple, à une certaine hauteur du sol, on crée de grands moignons à l'extrémité du tronc d'où naissent à chaque fois de nouvelles branches. L'eau de pluie demeure entre les moignons, de sorte que le bois doux du saule pourrit facilement. Le tronc se creuse alors progressivement. Seuls survivent le bois jeune et l'écorce à l'extérieur, tandis que les troncs creux abritent une faune et flore bien vivante.

Beaucoup de plantes s'installent sur les noeuds. Étant donné que le bois vermoulu est pauvre en matières alimentaires, on assiste d'abord à la germination d'espèces issues de milieux pauvres en nourriture, comme le *polypode*. Petit à petit, de l'humus apparaît entre les moignons et les branches, issu de feuilles et de plantes mortes qui se sont fixées sur le noeud. Ces petits endroits humides, riches en aliments, conviennent parfaitement à la germination de mousses, fougères et

un sureau pousse dans la cime d'un saule têtard

épices en tous genres. Au total, quelque 190 espèces de plantes ont été signalées sur les noeuds de saules têtards! La *morelle douce-amère*, le *sureau*, l'*ortie*, l'*épilobe*, le *persil sauvage* et le *pissenlit* ne sont que quelques exemples.

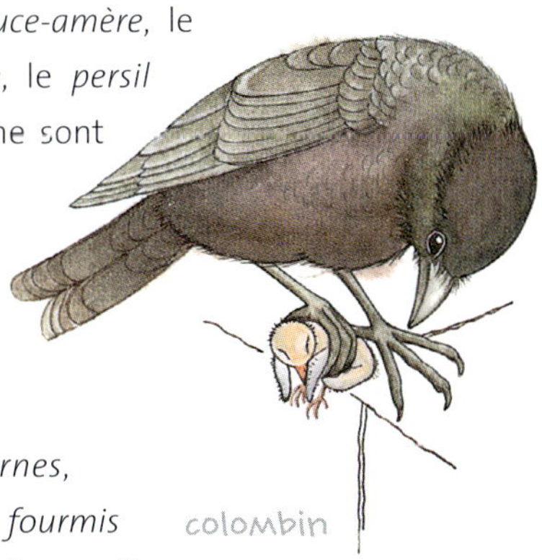

Les insectes aussi fréquentent les saules têtards. Voyez plutôt: *charançons*, *capricornes*, *coléoptères*, *bourdons* et *fourmis* y résident. Sans oublier les papillons de nuit comme le *sphinx*. Puis il y a les oiseaux cavernicoles - qui vivent dans des cavités - comme les *mésanges*, *moineaux friquets*, *rouges-queues à front blanc*… qui élèvent leurs jeunes dans des fentes, trous et cavités. Ils y trouvent de la nourriture en abondance. Quant aux *choucas*, *colombins*, *colverts* et *chouettes chevêches*, ils nichent dans le tronc.

Chaque espèce d'oiseau cherche l'endroit qui lui convient le mieux. Mais on trouve aussi des mammifères comme la *belette*, le *putois*, la *musaraigne* et la *chauve-souris* qui font bon usage des cavités du tronc et des noeuds ou des espaces entre les racines. En fait, le saule têtard est un véritable immeuble à appartements!

Les digues

Comment l'homme a gagné de la terre sur la mer en bâtissant des digues...

Il y a quelque deux mille ans, notre littoral n'était qu'une étendue de prés-salés, une mosaïque d'îlots dans un réseau de chenaux et de ruisseaux. À chaque fois que la mer envahissait les prés-salés, il restait une fine couche de vase. Ainsi, le site s'élevait imperceptiblement. Entre les assauts, il était sec et les paysans y menaient paître leurs moutons. Vers l'an mil, l'homme a commencé à s'approprier définitivement les prés-salés. Armés de pelles et brouettes, des milliers d'hommes bâtirent des digues de terre, empêchant ainsi la mer de pénétrer plus en avant. Les chenaux et ruisseaux servaient de canaux pour l'écoulement des eaux et une écluse fut construite dans la digue. En ouvrant et fermant cette écluse, ils étaient à même de contrôler le niveau de l'eau dans le pré-salé endigué, qu'ils appelèrent 'polder'.

Naissance d'une mosaïque de digues et de polders... une tranche d'histoire

Vers 1030, la digue de Gentele, ultérieurement digue de Blankenberge, constitue la digue de mer orientale d'un polder étendu au nord-ouest de Bruges. Le réseau fluvial au sud de Bruges évacue ses eaux par le biais de ruisseaux et cours d'eau traversant les prés-salés au nord et au nord-est de Bruges, le futur Zwin.

Vers 1100, un système de digues circulaire poldérise une grande partie de ce domaine de prés-salés jusqu'à une voie d'eau à l'est. Celle-ci débouche dans le Zwin par l'écluse de Monnikerede.

Vers 1200, cette voie d'eau à l'est est divisée en deux parties. L'écoulement de chacune des parties s'effectue par de nouvelles écluses, dont une donne directement sur la mer.

Vers 1300, on poldérise encore davantage de terres vers l'est. L'écoulement s'effectue par une nouvelle écluse vers le Zwin. En 1400, la poldérisation est tellement avancée que la nouvelle écluse se retrouve dans le domaine poldérisé et l'écoulement s'effectue dès lors par une nouvelle voie d'eau, le canal de Hoeke, et une nouvelle écluse.

Vers 1650, le système d'écoulement est totalement modifié. L'écluse de Eien qui donnait directement sur la mer est abandonnée. L'eau est alors évacuée vers l'est par le nouveau canal Isabella en direction de l'écluse Isabella. Il s'agit d'une des deux nouvelles écluses destinées à l'écoulement des eaux du Zwin, qui furent construites au lendemain de la Guerre de Quatre-vingt ans à proximité des lignes.

En 1784, le polder du Hazegras voit le jour, il est drainé, comme tous les polders plus au sud, par la nouvelle écluse du Hazegras vers le Zwin. À la même époque, Napoléon fait creuser la canal de Damme.

En 1840, la canal Léopold voit le jour, qui fait office de sas principal des polders du Zwin et du Meetjesland.

Finalement, avec la construction de la Digue Internationale en 1872, l'écoulement des eaux des polders vers le Zwin est entièrement terminé.

L'administration des polders surveille le niveau de l'eau

Les polders existent toujours. Bien qu'ils offrent les meilleures terres agricoles de notre pays, ils ont le désavan-

digue dormante

digue de mer

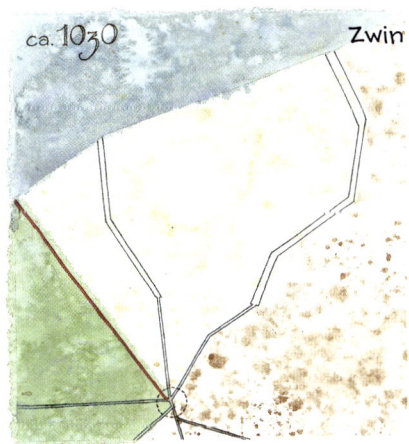
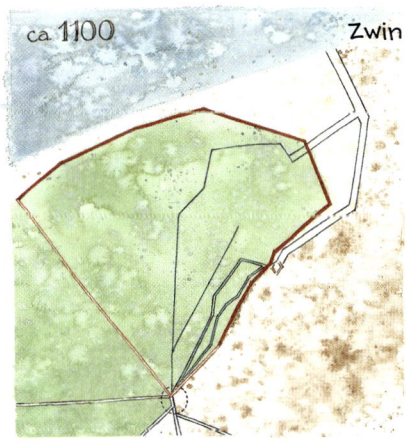
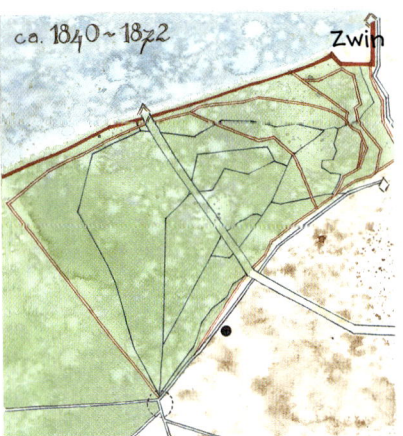

tage d'être situés très bas. En l'absence de digues, ils seraient immergés par la mer. Il convient donc de contrôler et d'entretenir les digues. Les dramatiques inondations du 1er février 1953 ont entraîné une toute nouvelle législation, la Loi des polders. Depuis, chaque polder est placé sous la tutelle d'une équipe de spécialistes: l'administration des polders. Elle se charge du contrôle, de l'entretien et de la remise en état des digues, écluses, pompes d'épuisement, barrages; et du nettoyage régulier des voies d'eau. L'administration se charge aussi du maintien du niveau de l'eau: l'écoulement des eaux excédentaires des polders vers la mer et l'irrigation des polders en période sèche.

Le polder du Zwin s'écoule par le canal Léopold de manière naturelle vers la mer du Nord. À marée basse, l'eau excédentaire s'écoule vers la mer par le biais de l'écluse. Inversement, à marée haute, les portes de l'écluse se ferment et empêchent l'eau de mer d'immerger la région. La gestion des eaux telle que l'administration des polders l'applique depuis des siècles a contribué au maintien et au développement de ruisseaux, chenaux, puits d'argile et de tourbe.

À propos de digues dormantes

Jusqu'à ce jour, la plupart des administrations des polders sont restées propriétaires des digues construites au Moyen Âge. Bien que les matériaux de beaucoup de digues qui n'avaient plus de fonction aient été partiellement ou intégralement dispersés à l'intérieur du pays, la région du Zwin est encore très riche en 'digues dormantes'. Il s'agit d'anciennes digues qui n'ont plus de fonction, leur rôle ayant été repris par de nouvelles digues, plus proches de la mer. La digue du polder de Hazegras et celle de Burkel en sont des exemples. Ces anciennes digues peuvent à présent 'dormir', mais elles maintiennent leur fonction si d'aventure la Digue Internationale venait à se rompre. Les digues dormantes ont une grande valeur culturelle, historique et récréative, et une grande valeur pour le paysage. En outre, diverses digues sont d'importance écologique en raison de la faune et de la flore qu'elles abritent. La gestion responsable de toutes ces valeurs et de toutes ces causes pose un énorme défi aux administrations des polders. Elles tentent de le relever en collaboration avec la province, la commune et autres parties concernées.

 domaine poldérisé

 mer du Nord

 prés-salés

 digue

 digue de mer

 cours d'eau

 canal

Bruges

voie d'eau

Damme

 écluse

Les végétaux

Persil sauvage, *tanaisie vulgaire*, *mille-feuille* et *trèfles* sont des végétaux des accotements qui se sentent bien sur le sol humide et riche en aliments des digues.

Le persil sauvage

Dès le mois de mai, les ombelles du *persil sauvage* et leurs très nombreuses petites fleurs créent une véritable mer de fleurs qui annonce le commencement de l'été. Les insectes en sont férus.

Le mille-feuille ou achillée mille-feuille

Le *mille-feuille* doit son nom à ses feuilles fortement dentelées. Cette plante présente des ombelles blanches et fleurit dès le mois de juin. On lui attribue toute une série de vertus médicinales. Le mille-feuille a des effets coagulants et de nos jours, on continue d'en tirer des huiles essentielles, utilisées en phytopharmacie.

La tanaisie vulgaire

À la fin de l'été, la *tanaisie vulgaire* pousse sur les digues. Elle forme des bouquets appelés corymbes aux capitules jaunes qui ressemblent à des boutons de manteau. C'est une plante robuste aux tiges et feuilles solides. Autrefois, on l'utilisait en cuisine, mais encore plus souvent comme vermifuge, d'où son nom.

Le trèfle

Les espèces les plus connues sont le *trèfle blanc* ou *rampant* et le *trèfle rouge* ou *trèfle des prés*. Vu que les trèfles fleurissent très tard - quand les autres plantes entomophiles, c'est-à-dire qui attirent les insectes, ont déjà disparu - ils sont une source de nectar très importante pour les abeilles. Les trèfles sont en outre des plantes très précieuses. Les bactéries qui vivent dans les tubercules des racines sont capables de tirer de l'azote de l'air et de le transformer en matières alimentaires pour le trèfle. En échange de cette 'prestation de services', les bactéries assimilent les glucides produits par les trèfles. Il s'agit donc d'une parfaite interaction.

La faculté du trèfle de tirer de l'azote de l'air incite les paysans à le cultiver. Enfoui sous le sol, il fertilise la terre. C'est ce qu'on appelle l'engrais vert. Par ailleurs, le rarissime 'trèfle à quatre feuilles' est toujours considéré comme porte-bonheur.

L'ortie

L'*ortie* pousse sur tous les sols riches en aliments. En raison de son effet urticant, elle ne fait pas l'unanimité. Mais en vérité, elle est fort utile. Elle nourrit abondamment les chenilles de diverses espèces de papillons. Et l'homme y gagne un aliment. En effet, l'ortie peut se préparer comme l'épinard, ou en soupe. De plus, elle a diverses vertus médicinales. Ainsi les décoctions d'orties purifieraient-elles le sang.

tanaisie vulgaire

Mille-feuille

la riche végétation des digues

Les animaux

Le faucon crécerelle fait du surplace dans les airs

Le *faucon crécerelle* est le rapace le plus fréquent en paysage ouvert. Son plumage est brun dans sa quasi-totalité. Le mâle, qui est un peu plus petit que la femelle, a une tête et une queue grises.

Le faucon crécerelle est un véritable chasseur de souris. Quand il passe un terrain au peigne fin, il use d'une technique de vol très spéciale. Il tente de faire du surplace dans les airs en battant des ailes, la queue dressée – position dite du Saint-Esprit – et examine le sol en quête d'insectes, vers et souris. Il 'prie'. Et par vent violent, il vole à vent contraire à la même vitesse que le vent. C'est aussi une manière de 'prier', au-dessus des digues et accotements. Ces derniers sont d'ailleurs ses terrains de chasse préférés, même s'ils se situent près de l'autoroute.

Dès qu'un faucon crécerelle a repéré une souris, il plonge quasiment à la verticale, les serres prêtes à frapper... Spectaculaire!

la prière du faucon crécerelle

Le tarier pâtre

Le *tarier pâtre* est plus petit que le moineau. Il est plutôt trapu, se tient droit et a une courte queue droite. En été, la partie inférieure du mâle varie du rougeâtre à l'orange vif et sa tête est noire.

Cet oiseau est à l'aise sur un terrain ouvert ou à demi-ouvert avec quelques fourrés et des herbes et épices hautes. Sa nourriture se compose principalement d'insectes et d'autres petits animaux. Il les guette depuis son poste d'observation. Il construit son nid à même le sol ou juste au-dessus.

Le tarier pâtre a un cri très particulier. Généralement, il est très puissant et fait 'ouit-tac-tac', un son qui évoque deux pierres entrechoquées. Les espèces qui couvent chez nous hivernent en Europe du sud-ouest.

persil sauvage sur la digue de Hazegras

Fossés et ruisseaux

Le paysage des polders regorge de jolis endroits riches en eau: fossés d'écoulement et restes de chenaux et ruisseaux des anciens prés-salés. Les berges de ces fossés et ruisseaux sont recouvertes d'une végétation richement colorée.

Les nombreux canaux qui sillonnent les polders et la végétation de leurs rives constituent d'excellents sites de nidification et voies de communication pour des mammifères, oiseaux et autres animaux.

Les végétaux

Les saules têtards fixent les rives

Les saules sont de grands buveurs d'eau. Ils en ingurgitent de grandes quantités car une bonne partie s'évapore par les feuilles. C'est pourquoi ils conviennent bien aux terrains marécageux, par exemple pour délimiter des prairies et offrir de l'ombre au bétail. En outre, leurs racines très ramifiées et étendues renforcent la rive.

L'aulne héberge le diable

L'espèce qui pousse ici est l'*aulne noir*. Il peut atteindre 25 mètres et convient parfaitement aux sols humides. Cet arbre est polygame, c'est-à-dire qu'il a des chatons mâles et femelles. Ils poussent au printemps, la pollinisation s'effectue par le vent. Aux endroits où l'arbre est taillé, le bois blanc vire rapidement au jaune et dans les vingt-quatre heures, la cannelure est rougeâtre et le jus qui s'en écoule est quasiment rouge sang. Jadis, on croyait à de mauvais esprits. Le diable aurait rossé sa grand-mère jusqu'au sang à l'aide d'un bâton d'aulne!

Les graines de l'iris des marais ont un gilet de sauvetage

Étant donné que l'eau de pluie emporte

iris des marais

des engrais des champs, les fossés sont relativement riches en aliments. Et c'est exactement ce que réclament le *roseau*, l'*iris des marais* et la *massette*.

En juin, beaucoup de bourdons, mouches dorées et abeilles visitent les grandes fleurs jaunes de l'iris des marais en quête de nectar. Au printemps, les fruits sont mûrs et éclatent. Le graines plates et brunes tombent sur l'eau où elles flottent grâce à une

saules têtards le long d'un fossé

aulnes

petite peau de liège. Quand cette dernière disparaît en hiver, les graines sombrent vers le fond où elles germent et forment une nouvelle plante.

La massette a un cigare rempli de graines

La *massette* fleurit d'une manière toute particulière. Les petites fleurs sont très proches les unes des autres. Les fleurs mâles forment un épi plus fin au-dessus tandis que les fleurs femelles se situent juste en dessous en forme de gros 'cigares'. À l'issue de la pollinisation et de la fécondation se forment une multitude de minuscules graines. En hiver, les épis lisses ont l'air plus négligés car ils commencent à pelucher.

La pollinisation de la cornifle a lieu sous l'eau

S'il vous est arrivé de chasser l'épinoche ou la salamandre, vous avez sûrement rencontré cette plante. La *cornifle* forme de longues guirlandes de corolles qui, quand vous les sortez de l'eau, s'affaissent immédiatement.

La cornifle est présente dans toutes les eaux stagnantes du monde, sauf en altitude et dans les régions polaires. Cette plante est toute simple et remarquable à la fois: elle fleurit sous l'eau! Le pollen est dispersé dans l'eau et c'est dans l'eau qu'a lieu la pollinisation. Ceci est très exceptionnel, la majorité des végétaux supérieurs préférant garder leur pollen au sec.

lentilles d'eau

La renoncule des marais blanchit l'eau

La *renoncule des marais* ou *grenouillette* appartient à la famille du bouton d'or et vit dans les eaux courantes comme dans les eaux stagnantes. Elle pousse certes dans l'eau, mais une grande partie de la tige à fleurs est à ciel ouvert. En juin, les renoncules des marais tapissent ruisseaux et fossés de blanc.

Le mors de grenouille s'enracine... dans l'eau

Le *mors de grenouille* est une plante aquatique avec de petites fleurs circu-

grenouillette

laires et joliment nervurées qui flottent sur l'eau. Ses racines blanches ne s'enfoncent pas dans la boue mais pendouillent dans l'eau. En automne, le mors de grenouille sombre vers le fond, où il survit aux mois d'hiver, enfoui dans la boue avec des boutons d'hiver.

Le jonc fleuri colore les berges de rose

Cette grande plante fluviatile pousse dans des eaux peu profondes. Elle a de longues feuilles raides et pointues qui s'échappent de la souche. Les fleurs roses forment un écran ténu. Le *jonc fleuri* fleurit de mai à septembre.

cornifle

La lentille d'eau se multiplie à la vitesse de l'éclair

La *lentille d'eau* se sent aussi bien à l'aise en eau douce qu'en eau saumâtre riche en aliments. Elle est constituée d'une tige en forme de disque, et foliacée.

Dans de bonnes conditions, elle se reproduit rapidement: la tige forme des petites branches latérales, qui se détachent et créent une nouvelle plante. C'est ainsi qu'en été, la lentille d'eau recouvre des eaux entières en un minimum de temps.

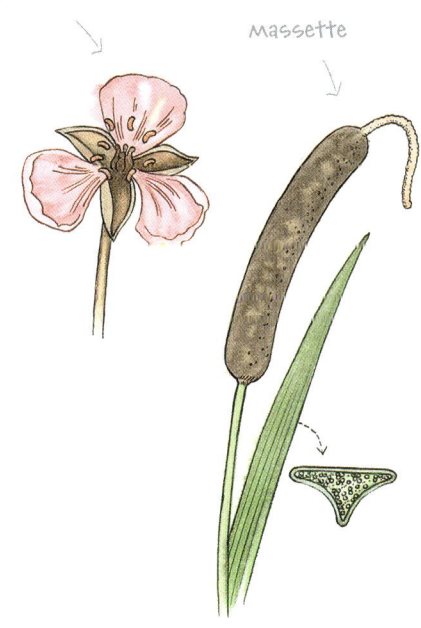
jonc fleuri, détail

massette

crapaud calamite

rainette verte

grenouille verte

Les animaux

Les batraciens

Dans les polders vivent différentes espèces de *batraciens*. Il s'agit d'animaux vivant tantôt dans l'eau, tantôt sur la terre ferme. Mais tous ont besoin d'eau lors de la période de reproduction.

Le crapaud commun

L'espèce la plus fréquente est le *crapaud commun*. C'est un mangeur d'insectes et d'escargots très utile qui oeuvre surtout de nuit. Sa peau verruqueuse est couverte de glandes qui le protègent de la déshydratation. Par ailleurs, l'humeur qu'elles sécrètent est venimeuse et a mauvais goût, de sorte que les crapauds n'allèchent que peu d'animaux.
À la fin de l'automne, le crapaud commun cherche un endroit à l'abri du gel où il passe l'hiver dans un profond sommeil.
Au commencement du printemps, nous assistons à la spectaculaire 'croisade des crapauds'. Ils se réveillent en février et partent à la recherche de leur lieu de naissance. Ils croisent chemins et sentiers comme s'ils avaient automatiquement priorité. C'est ainsi qu'il en meurt des milliers par an. Afin de limiter le nombre d'accidentés de la route, l'on organise des actions ponctuelles pour les assister dans cette périlleuse entreprise. Aux abords du Bois Royal, un écran empêche les crapauds de gagner la rue. On les cueille et les mène de l'autre côté de la rue.

Le crapaud des joncs

Le *crapaud des joncs* ou *calamite* est nettement plus coloré que son homologue des marais et a de courtes pattes. Son dos est mordoré et taché de vert olive ou de brun, et les verrues présentent souvent de petites taches rouges. Sur son dos court une bande jaune soufre et ses yeux sont jaune vert. Les mâles ont une grosse gorge. La nuit, au printemps, ils émettent un bruit de crécelle mélodieux perceptible à plus d'un kilomètre.
En Flandre Occidentale, le crapaud des joncs ne vit que dans les dunes littorales. En effet, il a une préférence pour les terrains chauds, ouverts, meubles et sableux. Bien entendu, il lui faut de l'eau pour la reproduction. Il trouve suffisamment de flaques et d'ornières.

La grenouille rousse

La *grenouille rousse* est la grenouille la plus fréquente dans les dunes et polders littoraux, aussi à Knokke-Heist. Dès la mi-février, durant la nuit, les mâles attirent les femelles vers la mare de reproduction à l'aide d'un léger 'grognement'. Elles pondent alors leurs oeufs, le célèbre frai. Par temps ensoleillé, les oeufs se développent rapidement et au bout de quelques jours apparaissent déjà de petites larves. Au départ, elles se nourrissent d'algues et progressivement, elles se transforment en têtards. Les branchies externes cèdent la place à des branchies internes et le végétarien passe à un menu composé de petits animaux aquatiques. Puis apparaissent des pattes arrière et plus tard, des pattes avant, et le corps ressemble à une petite grenouille munie d'une queue.

de têtard à grenouille

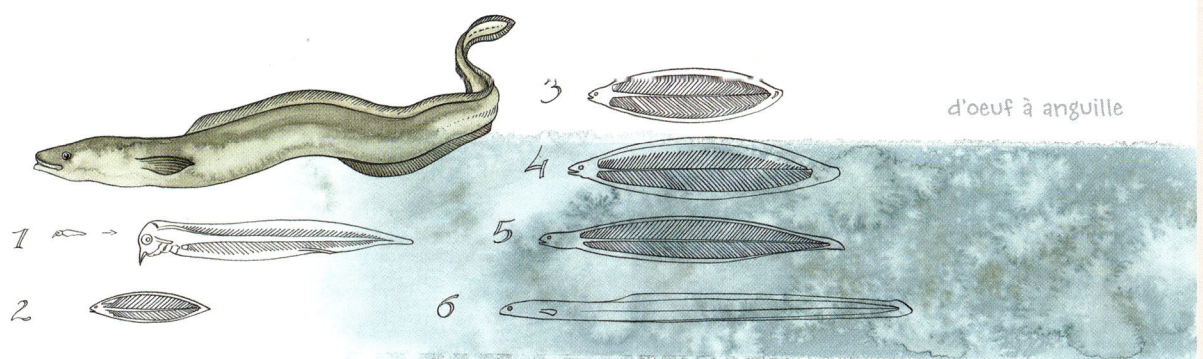

d'oeuf à anguille

Cette dernière se raccourcit progressivement jusqu'à ce que la mini-grenouille soit achevée. Il ne lui reste plus qu'à grandir.

La grenouille verte

La *grenouille verte* est moins fréquente. Mais là où elle vit, vous pouvez entendre son coassement caractéristique en mai et juin. Les mâles forment alors des choeurs dans les endroits les plus chauds des mares. Ils font aussi bronzette sur les plantes aquatiques. Les grenouilles vertes se nourrissent entre autres de larves de moustique.

La salamandre

Tout comme les grenouilles et crapauds, la *salamandre* est un batracien. Elle grandit dans des fossés et mares. En automne, elle sort de l'eau et s'en va vivre sur la terre ferme. Elle se repose sous les fourrés, sous des pierres ou des souches pourrissantes, mais toujours à proximité de l'eau. C'est dans ces endroits qu'elle hiverne à l'abri du gel. Pouls, respiration, digestion... presque tout est au repos, à telle enseigne qu'elle paraît morte. Mais cela lui permet d'utiliser un minimum d'oxygène et d'énergie, telle est sa stratégie de survie. Il faut attendre fin février, début mars, pour la revoir au gré des premières chaleurs. Elle regagne alors l'eau et s'y reproduit. Dans les ruisseaux et fossés des polders, le *triton ponctué* est très fréquent. Le *triton crêté*, proche de la salamandre et avec une crête dorsale, est plus rare.

L'anguille

Les ruisseaux et fossés des polders abritent aussi des *anguilles*. Ce sont d'étranges poissons qui s'activent durant la nuit, en quête de toutes sortes d'animaux vivants ou morts. Quand elles atteignent l'âge adulte, au bout de cinq à huit ans, elles révèlent leur instinct migrateur à l'automne. Elles abandonnent leur habitat familier et mettent le cap sur la mer des Sargasses, au milieu de l'Atlantique. Toutes les anguilles d'Europe du Nord, de l'Ouest et de la Méditerranée accomplissent ce parcours. À l'issue d'une traversée atlantique de 4000 kilomètres, elle se reproduisent dans la mer des Sargasses et y meurent. Les larves qui sortent des oeufs accomplissent le chemin inverse et mettent trois ans à joindre les côtes européennes. D'ici là, elles se transforment en civelles, c'est-à-dire en jeunes anguilles. Elles font alors 7 centimètres de long, sont plates et transparentes. C'est ainsi qu'elles nagent vers les embouchures des rivières qu'elles remontent en quête d'un habitat qui leur convient.

Le brochet

Ce poisson vorace est parfois appelé 'roi des poissons'. Il peut atteindre jusqu'à un mètre cinquante et il ne craint pas de manger ses congénères. De cette manière, la population des *brochets* reste stable.

Le brochet évolue dans des eaux stagnantes et légèrement courantes, riches en végétaux. Il supporte aussi l'eau saumâtre, ce qui en fait un 'poisson des polders' par excellence. Ses rayures et sa couleur verte caractéristiques lui offrent une tenue de camouflage idéale parmi les plantes aquatiques où il guette ses proies.

L'épinoche aiguillonnée vit en eau douce et en eau salée

Bien que l'*épinoche aiguillonnée* évolue aussi bien dans les eaux lentes des ruisseaux et rivières que dans les fossés, étangs, ruisseaux et canaux des polders, elle a un rapport très spécial au littoral. En effet, certains groupes vivent principalement en mer et gagnent les eaux intérieures où ils se reproduisent.

En avril, le mâle adulte a un très bel habit nuptial à gorge et ventre rouges et il défend âprement son territoire. Il construit un nid à l'aide de matériaux végétaux. Quand une femelle pénètre dans son territoire, il tente de l'attirer vers son nid en exécutant une danse en zig-zag. Sitôt qu'une femelle a déposé ses oeufs dans le nid, ils sont fécondés et la pauvre femelle est chassée. Le mâle agite de l'eau riche en oxygène au-dessus du nid et fait le guet jusqu'à éclosion des oeufs.

> **Knokke-Heist abrite la plus forte population de rainettes du pays**
>
> *La rainette verte se porte très bien chez nous, probablement en raison du fait qu'un certain nombre d'anciennes dunes à l'intérieur du pays ont été épargnées par l'agriculture et l'expansion urbaine. Elle se nourrit principalement de feuilles d'arbrisseaux comme la ronce. Lors de soirées chaudes en fin d'avant-saison, l'on entend les concerts tropicaux des mâles. Chaque année, l'on dénombre un tas de 'postes de chant'. En collaboration avec l'asbl Natuurpunt, la commune a aménagé quelques réserves de rainettes vertes.*

Les invertébrés: insectes, vers, escargots...

Les fossés et ruisseaux des polders de Knokke-Heist abritent une multitude de petits invertébrés. Aussi différents soient-ils, tous ont une chose en commun: ils s'adaptent aux fortes fluctuations de la salinité des eaux saumâtres à l'intérieur des digues. Lorsque le domaine fut endigué, l'eau de mer salée s'infiltra progressivement dans le sol, de sorte qu'il reste, çà et là, du sel dans la terre. Les eaux souterraines remontent ce sel dans les eaux de surface. Par temps chaud, quand de grandes quantités d'eau s'évaporent, la salinité monte sensiblement. En revanche, quand il pleut longtemps, l'on assiste à une dilution et la salinité baisse spectaculairement.

Les mollusques

Le petit escargot operculé

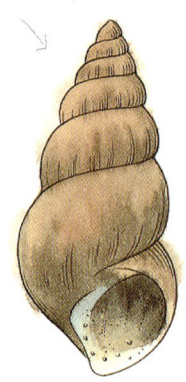

le petit escargot operculé

Il s'agit d'un petit escargot de 7 millimètres qui se nourrit d'algues et de déchets végétaux. Il choisit de préférence un sous-sol solide, comme du bois ou des pierres. Par temps extrêmement sec, il ferme hermétiquement sa coquille à l'aide d'un petit couvercle. Il se reproduit par parthénogénèse. C'est-à-dire que ses oeufs se développent sans fécondation. Le développement s'effectue principalement dans une sorte de 'matrice' à l'intérieur de l'escargot. Les jeunes quittent les oeufs au moment où ils sont pondus!

Des myes dans les polders

Lorsque le polder de Hazegras fut endigué en 1784, de grandes quantités d'animaux marins vivaient encore dans le sol. C'est pourquoi les travaux d'entretien révèlent encore la présence de coquilles de *myes*. Il s'agit d'une moule de 15 centimètres, qui vit en grand nombre dans la vase et le sable des embouchures. La fermeture en 1784 de la jonction avec la mer a entraîné la disparition des myes et autres mollusques, vers...

Les vers

Un ver impitoyable: la sangsue des poissons

La *sangsue des poissons* peut atteindre 5 centimètres. Elle présente des ventouses ventrales et dorsales qui lui permettent de se fixer à sa proie: poisson ou batracien et leurs larves. À l'aide de sa langue, elle perfore la peau de sa proie et suce son sang. Un copieux repas l'autorise à jeûner pendant six mois. La sangsue des poissons est hermaphrodite, mâle et femelle à la fois, et pond ses oeufs dans un cocon sur un sous-sol dur ou sur des plantes.

Les crustacés

Le gammarus

La majorité des petits animaux aquatiques des eaux saumâtres des polders sont des crustacés. Il en est ainsi du *gammarus* qui peut atteindre 22 millimètres. Il vit aussi bien à l'intérieur qu'à l'extérieur des digues. Ces dernières années, une espèce originaire d'Amérique du Nord évince de plus en plus l'espèce locale. Il s'adapte bien aux fluctuations de salinité, et à la pollution.

Le nysis

Les nysis, qui mesurent jusqu'à 25 millimètres, se nourrissent de déchets organiques et d'animaux morts. Elles se regroupent parfois en bancs de milliers d'exemplaires. Les eaux des polders abritent même une espèce de *crevette*, apparentée à la *crevette grise*.

la pariade des demoiselles

le nysis

Les insectes

Les éphémères

Certaines espèces d'*éphémères* survivent dans les eaux saumâtres des polders. Comme leur nom l'indique, ils ne vivent qu'un jour en tant qu'insecte adulte et volant. Mais au préalable, ils vivent quelques mois sous l'eau en tant que larve. Leur dos est couvert de branchies qui leur permettent de respirer sous l'eau. Les larves d'éphémères se nourrissent principalement d'algues et de déchets végétaux.

La demoiselle

Les eaux saumâtres des polders n'abritent généralement qu'une seule espèce de *demoiselle*. La larve passe un an sous l'eau et se nourrit de toutes sortes de petits animaux aquatiques qu'elle avale grâce à une ingénieuse trappe escamotable. Elle respire à l'aide de branchies dans le rectum. À un moment donné, la larve escalade une tige et apparaît à la surface de l'eau. Sa peau se déchire et une nouvelle, splendide demoiselle voit le jour. Sitôt réchauffée au soleil, elle prend son essor. La demoiselle adulte se nourrit de toute une série de proies vivantes, comme des mouches et des moustiques.

espèce de crevette

La corise ponctuée

La *corise ponctuée* se sent, elle aussi, très à l'aise dans les eaux légèrement saumâtres et riches en aliments des polders. Elle passe le plus clair de son temps sur le fond, où elle se nourrit de déchets végétaux et d'algues unicellulaires. Elle ne fait surface que pour s'approvisionner en oxygène. Ses pattes arrière sont velues et font office de pagaies quand elle nage.

Sitôt adultes, les corises ponctuées volent fort bien et se déplacent aisément vers d'autres ruisseaux et mares. Elles passent leur vie entière dans l'eau.

Les coléoptères

Le *noterus* peut atteindre un demi-centimètre. Il vit de toutes sortes de petits animaux, comme des larves de moustique. Le carabe adulte respire à la surface, tandis que la larve extrait de l'oxygène des racines qu'elle perfore à l'aide de son extrémité pointue.

éphémère

corise ponctuée

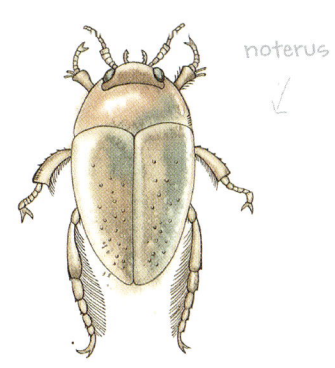

noterus

fuligule morillon

Le fuligule morillon est un canard plongeur

Le *fuligule morillon* se reconnaît aisément. Le mâle a le dos et la poitrine noirs, des flancs et un ventre blancs, et une petite huppe pendante. Les femelles sont brun foncé et discrètes.

On le trouve partout à Knokke-Heist, pourvu qu'il y ait de l'eau. Il préfère les eaux stagnantes avec beaucoup de végétation ripicole.

Le fuligule morillon est parfois à demi domestique et fréquente les étangs des parcs, comme les canards domestiques, pour y mendier de la nourriture. Quand ils sont en groupes, ils se laissent facilement aborder et quand on les dérange, ils s'éloignent doucement en nageant.

L'on distingue deux groupes de canards: les *canards de surface* et les *canards plongeurs*.

Les *canards de surface* cherchent leur nourriture dans des eaux peu profondes. Pour cela, ils 'se mettent' verticalement dans l'eau, leur queue hors de l'eau, comme le *colvert*.

Les *canards plongeurs* plongent entièrement sous l'eau en quête de nourriture. Certains peuvent y demeurer assez longtemps. Le fuligule morillon est un canard plongeur qui plonge jusqu'à deux ou trois mètres pour pêcher des escargots et autres mollusques.

entrée du nid du martin-pêcheur

rousserolle effarvate

phragmite des joncs

gorgebleue

La rousserolle effarvatte invite souvent le coucou

La *rousserolle effarvatte* ou *rousserolle des roseaux* est mince, brune et beige, et est à peu près aussi grande que la mésange charbonnière. Elle réside chez nous en été et hiverne en Afrique tropicale. Elle vit de préférence parmi les roseaux dans des eaux peu profondes - une petite bordure de roseaux le long d'un ruisseau lui suffit déjà. Elle escalade fort habilement les roseaux en position tassée.

La rousserolle effarvatte n'est pas du tout farouche et vous la verrez aisément, assise sur une tige de roseau, en train de 'gazouiller'. Elle tisse un nid en forme de corbeille autour de quelques tiges de roseau et les coucous y déposent fréquemment leurs oeufs.

Le phragmite des joncs aime les acrobaties aériennes

Le *phragmite des joncs* a environ la même taille que la rousserolle effarvatte. Il est brun olive avec une remarquable rayure sourcilière beige clair. Il recherche une végétation dense sur un terrain marécageux couvert de buissons, herbes et roselières. Son chant se compose d'une longue série de notes, trémolos, sifflements et imitations d'autres oiseaux, comme la *foulque* et la *bergeronnette printanière*. Il ne descend chez nous qu'en été. En automne, il rejoint la zone au sud du Sahara.

La gorgebleue chante comme... une grenouille

Ce magnifique petit oiseau couve dans un terrain marécageux en bordure de ruisseaux où poussent aulnes, saules et roseaux. Elle a de petites pattes fines, une remarquable rayure sourcilière blanche et de la rouille à la base de la queue. Le mâle a le menton, la gorge et la poitrine bleu vif, avec une tache blanche au centre. En bas, le bleu est bordé de rayures noires et blanches et d'une bande rouille plus large. Son chant est puissant et net, mélange de sons mélodieux et de notes grinçantes. C'est aussi un excellent imitateur d'autres oiseaux. Parfois, il lui arrive même d'imiter la grenouille...

Le martin-pêcheur

En dépit de sa petite taille, le *martin-pêcheur* est un oiseau très voyant, avec son magnifique plumage orange et bleu. Sa grande tête et son grand bec sont quasiment aussi longs que le reste de son corps, rendez-vous compte! Si vous avez la chance d'admirer un martin-pêcheur dans la lumière du soleil, vous verrez très clairement ses couleurs et nuances exotiques. Suivant la lumière, elles varient du vert foncé au bleu foncé ou bleu clair en passant par le violet. Un régal pour les yeux!

Depuis une branche, le martin-pêcheur guette l'eau. Quand il aperçoit un poisson, il plonge à la vitesse de l'éclair et saisit sa proie. Puis il regagne son poste d'observation. Il tue le poisson en le frappant contre une branche et l'avale tout entier.

Les martin-pêcheurs creusent un tunnel dans une rive en pente raide. Au bout du tunnel, ils installent la chambre où ils élèveront leurs petits. Grâce aux hivers doux des dernières années, on en voit de plus en plus.

martin-pêcheur

L'administration des polders veille sur l'aménagement des eaux, la nature et le paysage

Les travaux d'entretien annuels des voies d'eau sont indispensables pour une bonne gestion des eaux. Les berges des ruisseaux sont tondues et la vase évacuée. Parfois, il convient de réparer les berges affouillées par les rats musqués. Ces travaux d'entretien s'effectuent chaque année à l'issue des récoltes. C'est la période la plus propice de l'année pour limiter d'éventuels dégâts causés à l'environnement.

Mais les efforts de l'administration des polders ne se limtent pas à la seule prévention de dégâts. Ils s'appliquent aussi de façon positive et pertinente à la protection et au développement de la nature. C'est ainsi que les travaux de gestion sur les voies d'eau peuvent s'avérer très néfastes pour les poissons. En effet, barrages et écluses constituent un obstacle artificiel pour les anguilles et autres poissons migrateurs. À l'aide d'interventions simples et peu onéreuses, l'administration des polders tente de faciliter et d'améliorer les conditions de vie et de migration des anguilles et autres poissons d'eau douce. Divers projets pilotes ont ainsi été mis en route en collaboration avec l'Institut pour l'Exploitation des Forêts et la Gestion du Gibier.

Les rives se suivent mais ne se ressemblent pas...

Dans les polders, l'on distingue deux types de voies d'eau. D'une part, les restes de *canaux des marées*, au parcours sinueux. Avant même la poldérisation, ils se chargeaient à marée basse de l'écoulement des eaux depuis les prés-salés. Pendant mille ans, les gens de la région ont tondu les rives de ces canaux et nettoyé les lits afin de garantir un écoulement aisé des eaux des polders. Étant donné que la poldérisation visait à gagner un maximum de terrain sur la mer, l'ouverture de ces canaux fut maintenue, mais les rives furent transformées en terres agricoles.

Le second type de voie d'eau fut creusé pour le compte des administrations des polders: les *voies d'écoulement*, au parcours rectiligne. En raison des inondations du passé, de nouvelles idées sur la gestion des eaux ont vu le jour ces dernières années. Ainsi, l'on a constaté qu'il fallait à tout prix élargir les voies d'eau. En effet, les rives en pente raide, renforcées ou non de béton, sont révolues. En élargissant les voies d'eau, les rives ont une apparence plus naturelle, en pente douce. Une végétation riche et spontanée s'y développe progressivement. Le canal des Jésuites est un bel exemple d'une voie d'écoulement à l'apparence très naturelle grâce à son élargissement.

Gare à l'eau salée

Dans la commune de Knokke-Heist, de grandes quantités d'eau sont pompées par: la société des eaux qui se charge de l'alimentation en eau potable, les entrepreneurs qui doivent maintenir à sec le puits de fondation lors de la

en ajustant les valves des écluses vers le haut ou vers le bas, on contrôle parfaitement le niveau de l'eau dans le polder

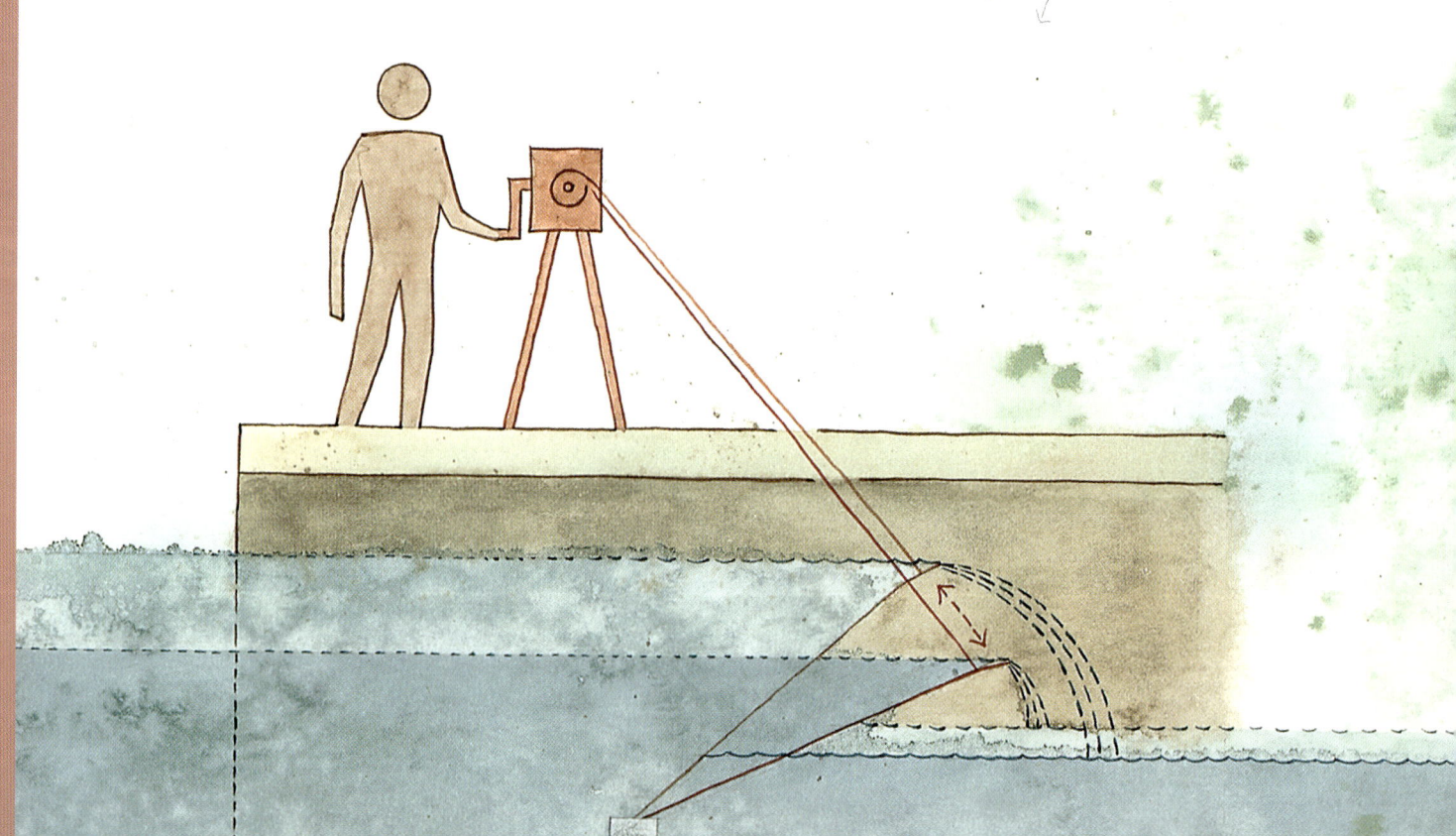

construction d'un nouveau bâtiment, les agriculteurs qui ont besoin d'eau pour l'irrigation de leurs terres ou l'alimentation en eau de leurs animaux, les particuliers et entreprises...

Mais vu que Knokke-Heist se situe en bord de mer, le pompage de l'eau n'est pas toujours sans risques. Si l'on pompe trop d'eau à des endroits donnés, l'on risque de tomber sur une nappe d'eau salée. Cette dernière se mêle alors à l'eau douce. De cette manière, on pompe de l'eau légèrement salée ou saumâtre. Et celle-ci n'est plus utilisable pour l'homme ou les animaux.

À certains endroits de la commune s'imposent des précautions extrêmes afin de ne pas pomper d'eau saumâtre, notamment aux alentours de Westkapelle. Les nappes d'eau salée se trouvent à une profondeur de deux à dix mètres. L'explication se trouve dans un contexte historique: d'anciennes cartes montrent clairement que le canal du Zwin d'autrefois s'arrêtait à cet endroit.

Des eaux de surface encore plus propres

La commune s'applique à améliorer encore la qualité des eaux de surface dans les années à venir. Cela peut se faire en reliant l'ensemble des habitations et autres bâtiments au réseau d'égouts. Ainsi, l'on mettra un terme au déversement dans les fossés et ruisseaux. Cependant, certaines habitations et fermes sont si dispersées dans les polders qu'il est quasiment impossible de les relier à un égout dans un avenir proche. Dans ce cas, la commune opte, en accord avec les propriétaires, pour une station d'épuration à petite échelle. Pareille installation peut purifier les eaux ménagères ou usées d'une habitation, d'une ferme ou d'un groupe de bâtiments.

Point ne suffit de nettoyer le ruisseau!

Les normes concernant l'utilisation de boues draguées sont très sévères. Lors du nettoyage de ruisseaux et fossés, l'on relève toujours plusieurs échantillons. S'il s'avère que les boues draguées ne répondent pas aux normes sévères appliquées à l'environnement, elles sont obligatoirement incinérées. En revanche, si elles sont conformes, on peut les utiliser sur les cultures.

berge douce

cours d'eau du Zwin

Rangées d'arbres et talus

prunier épineux

Les végétaux

Le frêne

Le *frêne* étant une espèce des talus bas, fertiles et humides et des vallées fluviales, il convient parfaitement au sol argileux des polders. En effet, le frêne est un arbre typique de la région. Il peut atteindre 40 mètres et vivre plus de 200 ans. Son tronc droit et ses boutons noir mat sont caractéristiques. On le plante parfois comme brise-vent, mais on le taille aussi, à l'instar des saules têtards.

Le frêne pousse lentement, mais son bois est très dur et élastique. On en fait des manches à outils, comme des marteaux et des haches. Et on l'utilise aussi comme bois de placage.

Le peuplier

L'on a planté différentes espèces de *peupliers* à Knokke-Heist. Le plus fréquent est le *peuplier du Canada*. En effet, cet arbre pousse fort bien sur un sol argileux ou humide et sableux. Tout comme le frêne, on le taille parfois à la façon du saule têtard. Quand ses fruits éclatent en juin, ils libèrent une grande quantité de peluches qui flottent librement dans les airs. Par une journée ensoleillée, vous pouvez les voir s'élever du bitume brûlant. Sitôt arrivées au-dessus des prairies plus fraîches, elles redescendent. Le soir, quand l'air rafraîchit et s'humidifie, elles s'agglutinent et les graines tombent à terre.

aubépine

Le bois du peuplier est léger et s'utilise dans la fabrication d'allumettes, panneaux de fibres et placages.

L'orme

L'*orme* est un arbre indigène que l'on ne voit plus souvent. Il est frappé par une maladie. La 'maladie des ormes' est causée par un champignon. Des petits coléoptères, les *scolytes*, qui creusent des galeries sous l'écorce pour y pondre leurs oeufs, transmettent le champignon d'un arbre à l'autre. Il s'y développe, pénètre dans les trachées, les petits canaux qui irriguent l'arbre d'eau riche en matières alimentaires, et s'y répand rapidement. L'infection causée par ce champignon obture les canaux, de sorte que

peuplier

l'arbre s'étiole progressivement avant de mourir. Les scolytes n'envahissent que les ormes dont les branches ont un diamètre d'au moins dix centimètres. Les jeunes ormes ne sont donc pas touchés.

Une haie d'aubépines est un barbelé naturel

L'*aubépine* est un arbuste qui fleurit au mois de mai. L'on assiste alors à un festival de fleurs blanches, légèrement parfumées. Ses fruits sont des baies rouges. Ses branches sont épineuses. Une rangée d'aubépines constitue une haie impénétrable. C'est pourquoi on les plante souvent comme un 'barbelé' naturel ou comme clôture le long des prairies et habitations. L'aubépine résiste au vent de mer et convient donc au littoral. Mites, coléoptères et guêpes s'y sentent bien. Quant aux grives et merles, ils apprécient les baies.

Chez le prunier épineux, les fleurs apparaissent avant les feuilles

Cet arbuste a des branches très épineuses. Il pousse de préférence sur un sol calcaire. Les nombreuses petites fleurs blanches et odorantes naissent en mai, avant même l'apparition des feuilles. À l'issue de la floraison, les petites feuilles qui viennent d'apparaître sont souvent dévorées par des mites qui se mettent en cocons par la suite. D'épaisses pelotes de toiles soyeuses envahissent l'arbuste et des centaines de chenilles voient le jour. Les branches glabres ont grise mine mais en été, de nouvelles feuilles apparaissent. Et entre temps, les chenilles sont au menu des oisillons nés en mai. Quant aux grives, elles apprécient les baies noires du *prunier épineux*. L'arbuste se reproduit grâce aux graines contenues dans leurs excréments. Tout comme pour l'aubépine, les oiseaux aiment faire leur nid entre les branches de cet arbuste, car les épines protègent leurs jeunes des assaillants. L'homme utilise le prunier épineux depuis la nuit des temps. Les épines servaient à la fabrication de l'encre noire, et l'écorce à la production d'un colorant rouge pour la laine et le lin. Quant aux Germains, ils plantaient déjà des haies de pruniers épineux et d'aubépines blanches contre la voracité de toutes sortes d'animaux.

Haies, talus et rangées d'arbres

Autrefois, on plantait aussi des haies, des talus et des rangées d'arbres autour des habitations, fermes et prairies. Ils servaient à délimiter des parcelles de terrain ou faisaient office de brise-vent et de brise-soleil. En hiver, le personnel de la ferme avait fort à faire, pour hacher, scier et fendre le bois. Il servait de bois à brûler pour le four ou le feu où cuisaient les pommes de terre destinées aux porcs.

Les arbres et arbustes formaient des jonctions de plusieurs kilomètres à travers champs entre les forêts et autres terrains naturels. Il s'agit non seulement de voies de communication protégées pour divers animaux sauvages, mais ces arbres leur offrent aussi de la nourriture en abondance, des abris et des aires de nidification. Dans le même temps, ils profitent à l'agriculture, car beaucoup de mangeurs de parasites agricoles y élisent domicile. En effet, carabes, crapauds, hérissons, belettes et hermines se nourrissent de quantités d'insectes, escargots et souris, et sont donc d'utiles alliés des agriculteurs.

orme

talus

Les animaux

Le rouge-queue à front blanc

Le *rouge-queue à front blanc* ressemble au rouge-gorge, mais il est plus mince et sa queue est plus fine. Il sautille constamment avec sa queue rouge orange. En vérité, il s'agit d'un oiseau des bois. Mais lors de ses voyages, on le voit aussi dans les fourrés des dunes ou sur les terres non cultivées.

Il cherche surtout des insectes, araignées, vers, escargots et aussi des baies. En période de couvaison, le mâle cherche une petite cavité en guise de nid. Puis il tente de persuader la femelle de s'y installer. Il l'attire avec ses ailes déployées et la couleur vive de sa queue. Sitôt que la femelle est séduite, elle entame la construction du nid, plutôt désordonné.

La pie bavarde

La *pie bavarde* a mauvaise réputation parce qu'elle vole et décime des nids. Elle a coutume de percer les yeux de ses victimes. Ceci provient peut-être de son intérêt congénital pour tout ce qui brille. Apparemment, elle a le vol de bijoux dans le sang.

En vérité, la pie bavarde est un magnifique oiseau. De près, vous verrez que ses plumes noires présentent un joli lustre bleu, vert et violet. Elle excelle aussi dans la fabrication de son nid. Haut perchée sur la cime d'un arbre, elle bâtit un très grand nid de branches, surmonté d'une coupole, que l'on aperçoit souvent de très loin.

La belette

La *belette* est le plus petit carnassier d'Europe. Elle est si petite qu'elle arrive à suivre les souris dans leurs galeries. Sa nourriture se compose à 85% de campagnols. Quand leur nombre est limité, elle mange aussi mulots sylvestre, rats, taupes, petits oiseaux, escargots, grenouilles, insectes, jeunes lapins et lièvres. Le corps de la belette est étiré, elle a de courtes pattes et une petite queue brune. Son dos est brun et son ventre blanc, avec une ligne de séparation irrégulière entre les deux.

La belette vit partout où il y a des souris. Elle aime aussi s'abriter dans des talus et des haies.

L'hermine

L'*hermine*, comme la belette, est un petit mustélidé qui vit surtout de souris. Les deux espèces ont une curieuse façon d'examiner leur entourage: elles 'jouent aux quilles'. Elles se tiennent droites, sur leurs pattes arrière, et observent. L'hermine est nettement plus grande que sa consoeur, et a une queue plus longue avec de longs poils et une pointe noire. Son dos est gris ou brun beige et son ventre blanc ou jaune. Deux fois par an, elle hérite d'une nouvelle fourrure de couleur différente. En automne, sa fourrure brune vire au blanc, et au printemps, elle revire au brun. Le blanc l'aiderait à mieux se camoufler et à perdre moins de chaleur pendant l'hiver. La pointe de sa queue reste noire.

Autrefois, on utilisait la fourrure noire et blanc de l'hermine pour les cols des manteaux royaux.

L'hermine vit le jour et la nuit. À son menu figurent campagnols et rats d'eau, mais aussi du lapin.

La survie des belettes et hermines est menacée par l'ébranlement de son biotope, le trafic de plus en plus dense et le manque d'abris. En effet, les gens ont tendance à se débarrasser de tout, tandis que fagots, tas de pierres et fourrés le long des champs améliorent justement les conditions de vie des belettes et hermines.

Le putois

Le *putois* vit dans des bosquets à proximité d'habitations, souvent près de l'eau. C'est un fin limier, sauteur et nageur. Sur la terre ferme, il se déplace en sautillant. Régulièrement, il scrute les environs, dressé sur ses pattes arrière.

Quand le putois se sent menacé, les glandes sous sa queue dégagent une odeur nauséabonde. D'où son nom, 'put' signifiant 'puant' en ancien français. Bien qu'il soit un allié fort utile dans le conflit contre les rats, il a mauvaise réputation car il lui arrive de chasser les poules.

hermine en robe d'hiver

putois

La chouette chevêche

La *chouette chevêche* est le plus petit parmi nos rapaces nocturnes. Avec ses sourcils froncés et ses yeux jaune vif, elle a l'air mordante et sévère. Elle chasse principalement la nuit, mais elle se montre aussi pendant la journée, assise à sa petite place au soleil, en train de paresser jusqu'à la tombée de la nuit et le début de la chasse.

Elle se nourrit de vers, coléoptères, sauterelles et souris qu'elles saisit à l'aide de ses serres au terme d'un vol piqué. Elle niche de préférence dans des cavités et fentes d'arbres, comme le saule têtard.

> **Les éléments du paysage: voies et points de repère pour les animaux**
> *Outre les éléments rectilignes comme les haies et rangées d'arbres, il est aussi des éléments 'pointus': arbres solitaires, bosquets de taillis et mares d'abreuvement. Ils constituent des 'points de repère' naturels pour les animaux dans les cultures.*
> *Pour les rapaces, les hauts arbres solitaires sont autant de postes d'observation, tandis que les mares d'abreuvement constituent un biotope idéal pour les batraciens, plantes aquatiques et libellules.*
> *En raison de l'extension des domaines agricoles, ces éléments risquaient de disparaître. Les distances entre les mares d'abreuvement restantes augmentaient, de sorte que les amphibiens s'isolaient et disparaissaient. Knokke-Heist participe à un projet de la province de Flandre Occidentale visant à maintenir ou à réimplanter ces éléments dans le paysage.*

belette

musaraigne

Index

animaux

accenteur mouchet | 47
agreste | 31
aigrette garzette | 39
alouette des champs | 66
anémone de mer | 25
anguille | 81
arénicole | 21 | 39
aurélie | 22
avocette | 38
balane | 26
barge à queue noire | 66
bécasseau | 15
belette | 90
bergeronnette grise | 59
bernache nonnette | 69
bernache du Canada | 69
bernard-l'ermite | 13
bigorneau | 25
bivalve | 20
Blanc-Bleu belge | 70
brochet | 81
bruant des neiges | 39
busard des roseaux | 66
buse | 66 | 67
campagnol roussâtre | 45
canard colvert | 14
canard siffleur | 14
capitellide | 37 | 39
capricorne | 73
carabe aquatique | 83
cardite | 20
carpe | 49
charançon | 73
chauve-souris | 45
cheval | 70
chevalier gambette | 38
choucas | 73
chouette chevêche | 73 | 91
cicindèle maritime | 31
cigogne | 67
clanque | 36 | 39 | 82
cloporte | 43
coccinelle | 23
cochevis huppé | 23
coléoptère | 73
colombin | 51 | 73
coque | 20 | 36
corise ponctuée | 83
courlis cendré | 36
crabe vert | 26
crapaud | 80
crapaud calamite | 80
crapaud commun | 80
crevette | 13 | 26 | 38 | 43 | 83
crevette de vase | 36 | 38
cul brun | 31
demoiselle | 48 | 49 | 83
donace | 20
effraie des clochers | 65
épervier | 55
éphémère | 83
épinoche | 81
étoile de mer | 25
étourneau | 64
étrille commune | 26
faisan | 64
faucon crécerelle | 77
fauvette babillarde | 30 | 59
fauvette des jardins | 55
foulque macroule | 48
fourmi | 42
fuligule morillon | 84
geai | 57
gorgebleue | 85
grand gravelot | 36 | 37 | 38
grèbe | 14
grenouille rousse | 80
grenouille verte | 81
grimpereau | 57
grive musicienne | 30
hérisson | 51
hermine | 90
hirondelle de fenêtre | 47
hirondelle rustique | 64
Holstein pie noir hollandais | 70
huîtrier pie | 27 | 38
hydrobie | 38
Hypolaïs ictérine | 50
lapin | 30
lavignon poivré | 36 | 38
libellule | 49
Limousin | 70
linotte mélodieuse | 59
loriot | 57
le couteau | 20
martin-pêcheur | 85
martinet noir | 47
méduse | 22
merle | 47
mésange charbonnière | 54
mésange bleue | 54
moine | 36
moineau domestique | 54
moineau friquet | 54
moucheron | 23
mouette | 15 | 43
moule | 26
mouton | 70
mulot sylvestre | 50
musaraigne | 91
mye | 36
néréis | 37 | 39
noctiluque | 12
nysis | 83
oie | 68 | 69
oie à bec court | 68
oie cendrée | 69
oie des moissons | 68
oie rieuse | 68
ouette de Magellan | 69
perdrix grise | 65
petit escargot operculé | 82
petit nacré | 19
phragmite des joncs | 85
pic epeiche | 57
pie bavarde | 90
pinson | 55
pivert | 50
plancton | 12
plie | 13
poisson plat | 13
porc | 70
pouillot véloce | 57
putois | 90
ramier | 51
rainette verte | 80
renard | 71
roitelet | 50
rouge-queue à front blanc | 73 | 90
rousserolle effarvate | 84 | 85
salamandre | 81
sangsue des poissons | 82
sole | 13
sphinx | 73
tadorne de Belon | 30 | 38
tarier pâtre | 77
taupe | 53
tortue de Floride | 49
tournepierre à collier | 27
tourteau | 26
tourterelle turque | 59
troglodyte mignon | 47
tyrid | 31
volailles | 71

végétaux

actinie commune | 25
algue brune | 24
algue rouge | 24
algue siliceuse | 12
algue verte | 24
argousier | 28
arroche hastée | 19
arroche littorale | 18 | 19
atropis | 34
aubépine | 89
aulne | 78
betterave sucrière | 63
blé | 62
bouton-d'or | 52
bryone | 28
bryophyte | 44
cakilier maritime | 18
cerisier | 63
chêne | 56
chêne sessile | 56
chèvrefeuille | 46
chiendent à feuilles de jonc | 18
chiendent littoral | 35
cornifle | 79
cymbalaire des murs | 44
diatomée | 12 | 34

élodée | 48
épilobe | 73
érythrée du littoral | 29
euphorbe des dunes | 18
faux platane | 56
frêne | 88
giroflée | 46
glaux | 35
goémon noir | 24
grenouillette | 78 | 79
hêtre | 44
iris jaune | 79
jonc fleuri | 79
laitue de mer | 24
lentille d'eau | 79
lichen | 44
lierre | 46
lin fibreux | 62
massette | 79
matricaire maritime | 19
mille-feuille | 76
morelle douce-amère | 73

mousse perlée | 24
nénuphar | 48
obione | 35
oignon | 62
orchis négligé | 29
orge | 62
orme | 88
ortie | 76
oyat | 19
pâquerette | 52
persil sauvage | 59 | 73 | 76
petit nénuphar | 79
peuplier | 78 | 88
pin maritime | 29 | 56
pissenlit | 52
polygale | 58
pomme de terre | 63
poumon de mer | 19 | 59
pourpier des mers | 19
prunier épineux | 89
rangée d'arbres | 88 | 89
roseau | 48

rue-des-murailles | 46
salicorne | 34
saule rampant | 28
saule têtard | 42
séneçon jacobée | 29
soude | 18
spartine anglaise | 34
spergulaire | 35
statice | 35
suède maritime | 34
sureaux | 28
tanaisie vulgaire | 76
thym | 58
tortula | 28
trèfle | 53 | 76
varech vésiculeux | 24

autres

agriculture | 60
botulisme | 49
brise-lames | 24
dent de raie | 21
dent de requin | 21
digues | 74
jetée | 24
lait de pigeon | 51
marée | 16 | 17
météo | 16
polders | 60
prés-salés | 34
vases salées | 34
zone intercotidale | 19

le Zwin en été, pastel, Rita Teerlinck